CATALOGUS
LIBRORUM

ILL. VIRI D. CAROLI-NICOLAI

HUGUET
DE SEMONVILLE,

SENATUS PARISIENSIS

DECANI.

PARISIIS,

Apud { GABRIELEM MARTIN, & H. LUD. GUERIN, } via Jacobea.

─────────────

M. DCC. XXXII.

LECTORI.

CAtalogum Bibliothecæ Illuftriſſimi D. HUGUET DE SEMONVILLE, jam pridem confectum, edendi cura nobis fuit demandata. Libros igitur fecundum ordinem in illo conftitutum difpofuimus, fingulis præfiximus numeros, Appendicem adjecimus Librorum omiſſorum, & Catalogum luce donavimus.

Publica Auctio libellis publicè affixis indicabitur, & illam more folito profequemur juxtà feriem Indiculorum noftrorum.

CATALOGUS
LIBRORUM
ILL. VIRI D. CAROLI-NICOLAI
HUGUET
DE SEMONVILLE,
SENATUS PARISIENSIS
DECANI.

THEOLOGIA, *in folio.*

Nᵒ 1 IBLIA Tigurina. *Tiguri*, 1543. 2. *vol.*
   2 Histoire de la Bible, (par David Mar-
   tin.) *Anvers, Mortier*, 1700. 2. *v. G. P. fig.*
   3 Peintures sacrées de la Bible, par Gi-
rard. *Paris*, 1665.
4 Natalis in Evangelia. *Antverpiæ*, 1595. *figur.*
5 Photii Bibliotheca, latinè. *Aug. Vind.* 1606.
6 S. Augustin de la Cité de Dieu, trad. par Ceriziers.
 Paris, 1655. *G. P.*
7 Introduction à la Vie dévote, par S. François de Sa-
les. *Paris, Imp. roy.* 1641.
8 Oeuvres diverses d'Arnaud d'Andilly : tome 3. con-

A

tenant l'histoire de l'Ancien Testament; & les Confessions de S. Augustin, trad. *Paris, le Petit,* 1675.

9 Methode du Cardinal de Richelieu pour les Controverses. *Paris,* 1651. *maroq.*

10 Les principaux points de la Foy, du même. *Paris, Imp. royale,* 1642.

11 Instruction du Chrétien, par le même. *Paris, Imp. royale,* 1642.

JURISPRUDENTIA, *in folio.*

JUS CANONICUM, *in folio.*

12 FRà Paolo, Hist. del Concilio di Trento. *Londra,* 1619.

13 Histoire du Concile de Trente, de Frà Paolo Sarpi, traduite par Diodati. *Paris,* 1665.

14 Corpus Juris Canonici, cum glossis. *Taurini,* 1620. 3. *vol.*

15 Memoires du Clergé. *Paris, Vitré,* 1646. 3. *v. mar.*

16 Libertez de l'Eglise Gallicane. *Paris,* 1639. 2. *vol. Gr. Pap.*

17 Marca de concordiâ Sacerdotii & Imperii. *Parif.* 1663.

18 Fevret de l'Abus. *Dijon,* 1653.

19 Rebuffi Praxis Beneficiaria. *Parif.* 1664.

JUS CIVILE, *in folio.*

20 Corpus Juris Civilis, cum glossis; & cum indice Stephani Daoyz. *Lugduni,* 1612. 6. *vol.*

21 Corpus Juris Civilis, cum notis Gothofredi. *Parif. Vitray,* 1628. 2. *vol.*

22 Cujacii opera. *Parif.* 1577. 2. *vol. C. M.*
23 Petri Gregorii fyntagma Juris univerfi. *Geneva,* 1639.
24 Julii Clari opera. *Geneva,* 1637.
25 Lexicon Juridicum Calvini. *Geneva,* 1640.
26 Anciennes Ordonnances. *Paris,* 1554.
27 Code d'Henry III. *Paris,* 1622.
28 Code de Loüis XIII. *Paris,* 1628.
29 Ordonnances de Neron. *Paris,* 1666.
30 Ordonnances de Fontanon. *Paris,* 1611. 3. *vol.*
31 Conference des Ordonnances, par Guenois. *Paris,* 1660. 3. *vol.*
32 Coutumier general. *Paris,* 1635. 2. *vol.*
33 Brodeau fur la Cout. de Paris. *Paris,* 1658. 2. *vol.*
34 Tronçon fur la Cout. de Paris. *Paris,* 1652.
35 Coutume d'Orleans, commentée par de Lalande. *Orleans,* 1673.
36 Argentreus in Conftit. Britanniæ. *Parif.* 1621.
37 Journal des Audiences. *Paris,* 1652. & 58. 2. *vol.*
38 Arrêts de des Maifons. *Paris,* 1667.
39 Arrêts de Loüet. *Paris,* 1661.
40 Arrêts de le Preftre. *Paris,* 1663.
41 Molinæi opera. *Parif.* 1658. 4. *vol.*
42 Plaidoyers de Servin. *Paris,* 1640.
43 Plaidoyers de Baffet. *Grenoble,* 1668.
44 Arrêt pour le Duc de Mantouë contre la Reine de Pologne &c. *Paris.* 1651. *avec le Portrait de ce Prince gravé par Nanteüil.*
45 Bibliotheque du Droit François, de Bouchel ; augmentée par Bechefer. *Paris,* 1671. 3. *vol.*
46 Oeuvres de le Bret. *Paris,* 1635.
47 Oeuvres de Bacquet. *Paris,* 1658.
48 Oeuvres de d'Efpeiffes. *Lyon,* 1660. 3. *vol.*
49 Oeuvres de Choppin, trad. par Tournet. *Paris,* 1663. 5. *vol. G. P.*
50 Oeuvres de Coquille. *Paris,* 1665. 2. *vol.*
51 Droits du Roy, par du Puy. *Paris,* 1655.
52 Traité des Fiefs, par Chantereau le Febvre. *Paris,* 1662.

53 Les Nobles dans les Tribunaux , par Herman François de Malte. *Liege* , 1680.

54 Loyseau du droit des Offices. *Paris* , 1610.

55 Girard & Jolly des Offices de France. *Paris* , 1638. 2. *vol.*

56 Tessereau, Histoire de la Chancellerie. *Paris,* 1676.

❖❖❖❖❖❖❖❖❖❖❖❖❖❖❖❖❖❖❖❖❖❖❖❖❖❖❖❖❖

SCIENTIÆ ET ARTES, *in fol.*

PHILOSOPHI, *in folio.*

57 ARistoteles , gr. lat. *Parisiis* , 1619. 2. *vol.* C. M. *maroq.*

58 Stobæus , gr. lat. *Tiguri* , 1543.

59 Senecæ opera. *Basileæ* , 1557.

60 Oeuvres de Seneque , trad. par Chalvet. *Paris,* 1616. G. P.

61 La doctrine des Mœurs, par de Gomberville. *Paris,* 1646. *figur.* G. P.

62 Republique de Bodin. *Paris* , 1576.

63 Essais de Montaigne. *Paris* , 1635.

HISTORIA NATURALIS, *in folio.*

64 Hist. du Monde, de Pline, trad. par du Pinet. *Lyon,* 1584. 2. *vol. maroq.*

65 Pisonis Historia naturalis Brasiliæ. *Elzev.* 1648.

66 Histoire generale des Plantes , par Dalechamps. *Lyon* , 1653. 2. *vol.*

67 Matthiolus in Dioscoridem. *Venet. Valgris.* 1565. *fig. maroq.*

68. Matthiole sur Dioscoride , trad. par des Moulins. *Lyon, Roville* , 1579.

69 Gefnerus de Quadrupedibus. *Tiguri,* 1551. *cum iconibus depiƈtis.*

70 Hiftoire des Poiffons, par Rondelet. *Lyon,* 1558. 2. *tom. en* 1. *vol.*

71 Mufæum Wormianum. *Lugd. Batav.* 1655.

71 Lycofthenes de Prodigiis. *Bafilea,* 1557.

MEDICINA, *in folio.*

73 Galeni epitome per Lacunam. *Bafilea,* 1551.

74 Vefalius de humani corporis fabrica. *Bafilea,* 1543. C. M.

75 Anatomie de Ch. Eftienne. *Paris,* 1546.

76 Laurentii Opera Anatomica. *Parif.* 1600.

77 Oeuvres d'André du Laurens, trad. par Gelée. *Paris,* 1621.

78 Oeuvres d'Ambroife Paré. *Lyon,* 1652.

MATHEMATICA, *in folio.*

79 Forces mouvantes, par de Caus. *Paris,* 1615. *fig.*

80 La Metopofcopie de Cardan, trad. par de Laurendiere. *Paris,* 1658.

MUSICA, *in folio.*

81 Bellerophon. *Paris,* 1679.

82 Proferpine. *Paris,* 1680.

83 Idem. *Manufcrit.*

84 { Triomphe de l'Amour. *Paris,* 1681.
  { Picus & Canente. *Manufcrit.*

85 Perfée. *Paris,* 1682.

86 Amadis. *Paris,* 1684.

87 Idyle fur la Paix. *Paris,* 1685.

88 Le Temple de la Paix. *Paris*, 1685.
89 Galatée. *Paris*, 1686.
90 Thesée. *Paris*, 1688.
91 Medée. *Paris*, 1694. *double.*
92 Alcefte. *Manufcrit.*
93 Armide. *Manufcrit.*
94 Atys. *Manufcrit.*
95 Le Bourgeois Gentilhomme. *Manufcrit.*
96 Cadmus. *Manufcrit.*
97 Feftes de l'Amour & de Bacchus. *Manufcrit.*
98 Phaëton. *Manufcrit.*
99 Pfyché. *Manufcrit.*
100 Six Ballets de Lully. *Manufcrit.* 2. *vol.*
101 Enée. *Paris*, 1710.
102 Achille & Polixene. *Paris*, 1687.
103 Circé. *Paris*, 1694.
104 Airs de Lambert. *Paris*, 1689.
105 Cantates de Clerambault, livres premier & troi-
fiéme. 2. *vol.*

HUMANIORES LITTERÆ, *in folio.*

GRAMMATICI ET RHETORICI, *in folio.*

106 C Alepini Lexicon. *Lugduni*, 1647. 2. *vol.*
107 C Dictionarium Roberti Stephani. *Apud ipfum
Steph.* 1546.
108 Dictionnaire de Richelet. *Amfterdam*, 1706.
109 Lettere familiari di Cicerone, commentate da Fa-
brini. *Venetia*, 1590.
110 Wolfius in Ciceronis Officia. *Bafileæ*, 1584.

POETÆ, *in folio.*

111 Terentius, cum comment. *Parif. Rob. Steph.* 1529.

112 Terentius, cum comment. *Venet.* 1545.
113 Terentius. *Parif. è Typogr. regia*, 1642.
114 Virgilius, cum comment. *Bafileæ*, 1551.
115 Virgilius Ogilvii. *Londini*, 1663. *fig. C. M.*
116 Virgilio, commentato da Fabrini. *Venetia*, 1661.
117 Horatius Lambini. *Parif.* 1568.
118 Horatius Diverforum. *Bafileæ*, 1580.
119 Horatius. *Parif. è Typogr. regia*, 1642.
120 Tibullus, Catullus, Propertius, cum comment. Beroaldi. *Venetiis*, 1487.
121 Ovidius. *Venet.* 1498.
122 Ovidii Metamorphofes, Farnabii. *Parif.* 1637. *fig. C. Max. maroq.*
123 Les mêmes, en françois, par Renoüard. *Paris*, 1619. *fig. G. P.*
124 Juvenalis, cum comment. *Mediolani*, 1505.
125 Juvenalis & Perfius. *Parif. ex Typogr. regia*, 1644.
126 Maphæi Card. Barberini, pofteà Urbani VIII. Papæ, Poëmata. *Parif. è Typogr. regia*, 1642.
127 Philomathi Mufæ juveniles. *Parif. è Typogr. reg.* 1656.
128 Oeuvres de du Bartas. *Paris*, 1611. *figur.*
129 La Pucelle d'Orleans, par Chapelain. *Paris*, 1656. *fig. G. P. maroq.*
130 Alaric, par de Scudery. *Paris*, 1654. *fig. maroq.*
131 Theatre de P. Corneille. *Paris*, 1664. 2. *vol.*
132 Hierufalemme liberata, del Taffo. *Genova*, 1617. *figur. maroq.*

MISCELLANEI, *in folio.*

133 Athenæus, latinè. *Lugduni*, 1583.
134 Le Philocope de Boccace, trad. par Sevin. *Paris*, 1542.
135 Le Decameron de Boccace, trad. par le Maffon. *Paris*, 1545.
136 Lipfii opera, cum Seneca & Tacito ab eodem

Lipsio illustratis. *Antverpiæ, Plantin.* 1637. 6. *vol.*

137 Langii Polyanthea. *Lugduni,* 1659. 2. *vol.*

138 Eadem. *Lugduni,* 1669. 2. *vol.*

139 Lucien en françois, par Bretin. *Paris, l'Angelier,* 1582.

140 Oeuvres de du Vair. *Paris,* 1625. G. P.

141 Les œuvres de Puget de la Serre. *Paris,* 1647. G. P. *maroq.*

142 Oeuvres de la Mothe le Vayer. *Paris,* 1654. 2. *vol.* G. P.

143 Oeuvres de Balzac. *Paris,* 1665. 2. *vol.* G. P.

HIEROGLYPHICI, *in folio.*

144 La Mythologie des Dieux, trad. du latin de Noël le Comte, & augmentée par Baudoin. *Paris,* 1627. *figur.* G. P.

145 Pierii Valeriani Hieroglyphica. *Lugduni,* 1610. *maroq.*

146 Teatro d'Imprese, di Giov. Ferro. *Venet.* 1629. 2. *tom. in* 1. *vol. figur.*

147 Typotii Symbola. *Pragæ,* 1601. 3. *tom. in* 1. *vol. figur.*

148 Mondo Simbolico, formato d'Imprese, ampliato da Picinelli. *Milano,* 1669. *figur.*

149 Saavedræ Symbola christiano-politica. *Bruxel.* 1649. *figur.*

150 Les Tableaux des deux Philostrates, trad. & commentez par de Vigenere. *Paris,* 1614. G. P. *figur. maroq.*

151 Tableaux du Temple des Muses, par de Marolles. *Paris,* 1655. *figur.*

HISTORIA,

HISTORIA, *in folio.*

GEOGRAPHI ET CHRONOLOGI, *in folio.*

152 E Tats & Empires, par Davity. *Paris*, 1655.
G. P.

153 Le Monde, du même. *Paris*, 1643. 5. *vol.* G. P.

154 Cofmographie univerfelle de Thevet. *Paris*, 1575.
2. *vol.* G. P.

155 Cluverii Germania antiqua. *Elzev.* 1631. *figur.*

156 Ejufdem Sicilia. *Ibidem*, 1619. *figur.*

157 Ejufdem Italia. *Ibidem*, 1624. 2. *vol. figur.*

158 Recueil de Cartes, Plans & Profils de Villes, de
Merian.

158 * Recueil de Cartes & Tables Geographiques de
Sanfon. G. P. *maroq.*

159 Hiftoire univerfelle de Charron. *Paris*, 1621. G. P.

160 Hiftoires de Paul Jove, en françois, par Sauvage.
Paris, 1581. 2. *vol.*

161 Hiftoires de Sleïdan, trad. *Crefpin*, 1563.

HISTORIA ECCLESIASTICA, *in folio.*

162 Hiftoire de Jofeph, traduite par Genebrard. *Paris*,
1646. G. P.

163 Jofeph, traduit par Arnauld d'Andilly. *Paris*, le
Petit, 1667. 2. *vol.*

164 Hiftoire fainte & prophane, par Poindreux. *Paris*,
1673.

165 Vie de Jefus, trad. de Ludolf, par du Frefnoy.
Paris, 1582.

B

166 { Hiſtoire de l'Egliſe, par Vignier. *Leyde*, 1601.
      Sommaire de l'Hiſtoire des François, par le
      même. *Paris, Nivelle,* 1579. *maroq.*

167 Hiſtoire de l'Egliſe, par Godeau. *Paris,* 1672. 4.
    tom. en 2. *vol.*

168 Vies des Saints illuſtres, par Arnauld d'Andilly.
    Paris, le Petit, 1664.

168 * Raderi Bavaria ſancta & pia. *Monachii* 1615. *&
    ſeqq.* 4. *tom. in* 1. *vol. figur. C. M. maroq.*

169 Hiſtoire des Papes, par du Cheſne. *Paris,* 1645.
    G. P.

170 Du Molinet Hiſt. Summorum Pontificum, per
    eorum Numiſmata. *Pariſ.* 1679. *fig.*

171 Hoſpiniani Hiſt. Jeſuitica. *Tiguri,* 1619.

172 Imago primi ſæculi Societatis Jeſu. *Antverpiæ,*
    1640.

173 Statuta Hoſpitali Hieruſalem. *Romæ,* 1588. *fig.*

174 Hiſtoire de l'Ordre de Malthe, par Baudoin.
    Paris, 1643. 2. *vol. G. P.*

HISTORIA GRÆCA ET ROMANA, *in folio.*

175 Herodote, traduit par du Ryer. *Paris,* 1645.
    G. P.

176 Thucydide, traduit par de Seyſſel. *Paris, Vaſcoſan,*
    1559. *maroq.*

177 Xenophon, traduit par de Candole. *Geneve,* 1613.

178 Hiſt. de Cyrus, de Xenophon, trad. par Char-
    pentier. *Paris,* 1659. *G. P.*

179 Hiſtoire Grecque de Marcaſſus. *Paris,* 1647. *G.
    P. maroq.*

180 Tite-Live, en françois, par de la Faye. *Geneve,*
    1582.

181 Le même, par de Vigenere, *Paris,* 1617. 2. *vol.*
    G. P.

182 Polybe, traduit par du Ryer. *Paris,* 1655.

183 Les Commentaires de Cefar, trad. par de Vige-
nere. *Paris, l'Angelier,* 1589. *G. P.*

184 Tacite, en françois. *Paris, l'Angelier,* 1582.

185 Le même. *G. P.*

186 Le même, traduit par Achilles de Harlay de Chan-
vallon. *Paris,* 1644.

187 Appian Alexandrin, trad. par de Seyffel. *Paris,*
1569. *maroq.*

188 Appian Alexandrin, trad. par Odet Philippes Sieur
des Mares. *Paris,* 1659.

189 Hift. de Marc-Aurele, trad. de l'efpagnol de Gue-
vare par des Effars. *Paris,* 1565.

190 Trefor des Antiquités Romaines, par du Boulay.
Paris, 1650.

191 Commentaires hiftoriques des Empereurs, par le
Médailles, par Triftan. *Paris,* 1657. 3. *vol.*

192 Dialogi d'Antonio Agoftini fopra le Medaglie, tra-
dotti di fpagnuolo. *Roma,* 1625. *figur.*

193 Hiftoire Romaine, pat Coëffeteau. *Paris,* 1621.
G. P.

194 Suite de l'Hiftoire Romaine de Coëffeteau, par de
Saint-Lazare. *Paris.*

HISTORIA FRANCICA, *in folio.*

195 Les Hiftoires de Paul Emile, en françois, par Re-
gnard. *Paris,* 1597.

196 Hiftoire des Roys de France, par du Haillan. *Pa-
ris,* 1615. 2. *vol. G. P.*

197 Inventaire de de Serres. *Paris,* 1648. 2. *vol. G. P.*

198 Hiftoire de Dupleix. *Paris,* 1634. *& fuiv.* 5. *vol.*
G. P. maroq.

199 Hiftoire de France, de Mezeray, *Paris, Guillemot,*
1643. *& 51.* 3. *vol. G. P.*

199 * Chroniques de France, de Nicole Gilles; conti-
nuées par de Belleforeft & Savaron. *Paris,* 1621. *G. P.*

200 Histoire de Saint Loüis, par Joinville. *Paris,* 1668.

201 Chronique de Froissart. *Lyon, de Tournes,* 1559. 2. *vol.*

202 Chronique de Monstrelet. *Paris,* 1572. 3. *vol.* G. P.

203 Histoire de du Guesclin. *Paris,* 1666. G. P.

204 Histoire de Charles VI. de l'édition de le Laboureur. *Paris,* 1663. 2. *vol.* G. P.

205 Histoire de Charles VI. *Paris, du Louvre,* 1653.

206 Histoire de Charles VII. *Paris, du Louvre,* 1661.

207 Memoires de Philippes de Commines. *Paris, du Louvre,* 1649. G. P.

208 Memoires de du Bellay-Langey. *Paris,* 1572. G. P.

209 Memoires de Castelnau, par le Laboureur. *Paris,* 1659. 2. *vol.*

210 Histoire des Guerres civiles de France, de Davila, trad. par Baudoin. *Paris,* 1644. 2. *vol.* G. P. *maroq.*

211 Histoire universelle de d'Aubigné. *Maillé,* 1616. 3. *tom. en* 1. *vol.*

212 Memoires de Nevers. *Paris,* 1665. 2. *vol.* G. P.

213 Histoire de M. de Thou, trad. par du Ryer. *Paris,* 1659. 3. *vol.*

214 Histoire de France, par de la Popeliniere. 1582. 2. *vol.*

215 Lettres du Cardinal d'Ossat. *Paris,* 1641. G. P.

216 Ambassades de Canaye. *Paris,* 1636. 3. *vol.* G. P.

217 Memoires de Sully. 3. *vol. bonne édition. maroq.*

217 * Les mêmes. 2. *tom. en* 1. *vol.*

218 Histoire de France, par Matthieu. *Paris,* 1631. 2. *vol.*

219 Histoire de la mort d'Henry IV. par Matthieu. *Paris,* 1611.

220 Histoire de Loüis XIII. par Bernard. *Paris,* 1646. G. P.

221 Les Triomphes de Loüis XIII. par Valdor. *Paris,* 1649. G. P. *figur.*

222 Memoires pour l'Histoire du Cardinal de Riche-
lieu, par Aubery. *Paris,* 1660. 2. *vol.*

223 Histoire du Ministere du même Cardinal, par Au-
bery. *Paris,* 1649.

224 Histoire du Cardinal de Richelieu, par Aubery.
Paris, 1660.

225 Observations sur la condamnation du Maréchal de
Marillac. 1634.

226 Recueil pour servir à l'Histoire, par de Morgues
de S. Germain. G. P.

227 Historia delle Rivolutioni di Francia, del Conte
Gualdo Priorato. *Venet.* 1655.

228 Eclaircissement sur le Ministere du Cardinal Maza-
rin, par Silhon. *Paris, de l'Imprimerie royale,* 1650.

229 Traité de Paix entre les Roys de France & d'Es-
pagne, avec le Contrat de Mariage du Roy. *Paris,
du Louvre,* 1660.

230 Antiquitez de Paris, par Malingre. *Paris,* 1640.

231 Annales de Paris, par le même. *Paris,* 1640.

232 Annales d'Aquitaine, par Bouchet. *Paris, Galliot
du Pré,* 1537. *maroq.*

233 Histoire des Evêques de Metz, par Meurisse. *Metz,*
1634.

234 Portraits des Roys de France, par de Bie. *Paris,*
1636. *figur.*

235 Histoire de la Monarchie Françoise, ou Portraits
des Roys de France. *Paris,* 1711. *gravé.*

236 Veritable origine de la Maison de France, par du
Bouchet. *Paris,* 1646. G. P.

237 Genealogie de la Maison Royale de Bourbon, par
Bernard. *Paris,* 1646.

238 Genealogie de la Maison de France, par de Sainte-
Marthe. *Paris,* 1628. 2. *vol.*

239 Histoire des Connetables, &c. par le Feron & Go-
defroy. *Paris, du Louvre,* 1658.

240 Traité de la Cour des Monnoyes, par Constans.
Paris, 1658. G. P. *gâté.*

241 Recherches de la France, par Pasquier. *Paris*, 1621. *G. P.*

242 Ceremonial François, par Godefroy. *Paris*, 1649. 2. *vol. G. P.*

243 L'Empire François, par Turquoÿs. *Orleans*, 1651.

244 Memoires & instructions pour servir dans les affaires concernant les droits du Roy de France. *Paris*, 1665.

245 Histoire du Duc d'Epernon, par Girard. *Paris*, 1655.

HISTORIA EXTERARUM NATIONUM,
in folio.

246 Histoire des Guerres d'Italie, traduite de l'italien de Guichardin, par Chomedey. *Paris*, 1568.

247 Ædes Barberinæ, per Hieron. Tetium. *Romæ*, 1647. *C. M. figur.*

248 Annali della Republica di Genoa, da Agost. Giustiniani. *Genoa*, 1537.

249 Historia di Genova, di Foglietta. *Genova*, 1597. *maroq.*

250 Historia di Cremona, del Campo; con le figure del Caracchio. *Cremona*, 1585. *figur.*

251 Histoire Genealogique de la Maison de Savoye, par Guichenon. *Lyon*, 1660. 2. *vol. G. P.*

252 Histoire d'Espagne, par Mayerne Turquet. *Paris*, 1608. 2. *vol.*

253 Histoire de Portugal, traduite du latin d'Osorius & autres, par Simon Goulart. *S. Gervais*, 1581.

254 De Roo Annales rerum ab Austriacis Principibus gestarum. *Oeniponti*, 1592. *maroq.*

255 { Historia Settentrionale di Olao Magno, trad. in lingua Toscana. *Vinegia*, 1565.
{ Historia di Casa Orsina, da Sansovino. *Vinetia*, 1565. *figur.*

256 Æneæ Sylvii Hiſtoria Bohemica, & alia opera.
  Baſil. 1551.

257 Hiſtoire Genealogique de la Maiſon de Lorraine,
  par Chantereau le Fébvre. *Paris,* 1642.

258 Hiſtoire des Pays-Bas, trad. de Meteren. *La Haye,*
  1618.

259 Annales des Pays-Bas, trad. du latin de Grotius.
  Amſterdam, 1662.

260 Strada de la Guerre Belgique, trad. par du Ryer.
  Paris, 1650. 2. *vol. G. P.*

261 Pontani rerum & Urbis Amſtelodam. Hiſtoria.
  Amſtelod. 1611. *figur.*

262 Hiſtoire d'Angleterre, par du Cheſne. *Paris,* 1634.
  G. P. maroq.

263 Hiſtoire des Turcs, de Chalcondyle, trad. par de
  Vigenere. *Paris,* 1650. 2. *vol. G. P.*

264 Hiſtoire de Barbarie, par Dan. *Paris,* 1649.
  G. P.

265 Kircheri China illuſtrata. *Amſtelod.* 1667. *figur.*
  C. M.

266 La même, en françois. *Ibidem,* 1670. *G. P. figur.*

PEREGRINATIONES, *in folio.*

267 Ambaſſade à la Chine. *Leyde,* 1665. *figur.*

268 Hiſtoire du nouveau Monde, par de Laet. *Leyde,*
  1640. *figur.*

269 Navigation de Linſchot aux Indes Orient. trad.
  Amſterdam, 1619. *figur.*

270 Recueil de Voyages, par Thevenot. *Paris,* 1663.
  2. *vol. figur.*

271 Collectio Peregrinationum in utramque Indiam,
  (vulgò, Grands & Petits Voyages.) *Francof. de Bry*
  & Merian. 4. *vol. figur. Deficiunt partes* 10. 11. *& 12.*
  Indiæ Orient. & 13. India Occident.

EXCERPTA HISTORICA, *in folio.*

272 Les œuvres de Plutarque, trad. par Amyot. *Paris,
Vafcofan,* 1565. & 1575. 4. *vol.*

273 Dictionnaire Hiftorique de Morery. *Lyon,* 1687.
2. *vol.*

274 Bibliotheque hiftoriale, de Vignier. *Paris,* 1587.
& 1650. 4. *vol. G. P. maroq.*

275 Vies & Portraits des grands Hommes, par Thevet.
Paris, 1584. *G. P.*

276 La Galerie des Femmes fortes, par le P. le Moine.
Paris, 1637: *figur. G. P.*

277 Pompe funebri di tutte le Nationi del Mondo. *Ve-
rona,* 1639. *figur.*

278 Le Theatre d'Honneur & de Chevalerie, par de la
Colombiere. *Paris,* 1648. 2. *vol. figur.*

279 Entrée de la Reine Marie de Medicis à Amfterdam
en 1638. *Amfterdam,* 1638. *figur.*

280 Voyage & fejour de Charles II. Roy d'Angleterre
en Hollande. *La Haye,* 1660. *figur.*

281 Le Blazon des Armoiries, par de Barat. *Paris,*
1628.

282 Promptuaire Armorial, par Boiffeau. *Paris,* 1658.
figur.

MANUSCRIPTI, *in folio.*

283 BIble tranflatée en françois, depuis les Parabo-
les ou Proverbes de Salomon, jufqu'à l'Apoca-
lypfe inclufivement. *MS. fur velin avec mi-
niatures. maroq.*

284 Abregé du Droit Canon & Civil. *maroq.*

284*

284 * Catonis Sacci Papienſis Semideus. *Codex antiquus MS. membranaceus, cum figuris auro & coloribus depictis. in fol.*

285 Querelle entre les Princes des Maiſons d'Orleans & de Bourgogne, ſous Charles VI. 2. *vol.*

286 Hiſtoire des choſes mémorables advenuës du Regne de Loüis XII. & François I. par le Maréchal de Fleurange.

287 Procès-verbal de la Conference de 1559. touchant les enclavemens de l'Artois.

288 Teſtament politique du Cardinal de Richelieu.

289 Memoires du Duc de la Rochefoucault.

290 Lettres & Memoires du Cardinal Mazarin.

291 Ordonnances & Coutumes du Royaume de Navarre ; avec un Catalogue des Roys de Navarre.

292 Contrats de Mariages, Teſtamens, & autres Actes concernans les Comtes d'Alençon, de Blois, de Chartres & de Valois.

293 Actes, Memoires & Avis touchant la validité du Mariage de M. Gaſton, Duc d'Orleans, en 1632.

294 Traités, Contrats de Mariages, Teſtamens, & autres Titres des Ducs & Duché de Bourgogne.

295 Teſtamens des Roys & Reines de France.

296 Teſtamens notables de pluſieurs Grands Seigneurs & autres Perſonnages illuſtres.

297 Du Conſeil du Roy.

298 Traités & Actes concernans la Lorraine.

299 Négociation du Chevalier de Jant, envoyé en Portugal en 1655.

300 Ordres de Chevalerie en divers Royaumes, avec pluſieurs Memoires ſur ce ſujet.

301 Recueil de Genealogies de pluſieurs Maiſons de France. 3. *vol.*

302 Preuves des Comtes de Lyon vivans en 1626.

303 Armes & Blaſons des Chevaliers de la Toiſon d'Or.

THEOLOGIA, *in* 4°.

304 ICones Biblicæ, Meriani. 1625. *in* 4°. *oblongo.*
    maroq.

305 Hiſtoire critique de l'Ancien Teſtament, par Si-
    mon. *Rotterdam,* 1685.

306 Hiſtoire critique du Texte du Nouveau Teſtament,
    par le même. *Rotterdam,* 1689.

307 Hiſtoire critique des Verſions du Nouveau Teſta-
    ment, par le même. *Rotterdam,* 1690.

308 Hiſtoire critique des Commentateurs du Nouveau
    Teſtament, par le même. *Rotterdam,* 1693.

309 Iſaaci Voſſii Obſervationes. *Lond.* 1685.

310 Recueil touchant la Traduction du Nouveau Teſta-
    ment imprimée à Mons.

311 Paraphraſe de Godeau ſur les Epîtres de Saint Paul.
    Paris, 1650. 2. *vol.*

312 Habertus in Paulum. *Pariſ. è Typogr. reg.* 1656. *in*
    8°. maroq.

313 Le Genie de Tertullien, par de la Fayole. *Paris,*
    1658.

314 Rituel d'Alet. *Paris, Savreux,* 1667.

315 Stances chrétiennes, par Oudot.

316 L'Imitation de Jeſus-Chriſt, trad. en vers par
    Corneille. *Roüen,* 1656. *figur.*

317 Le chemin de la Vie éternelle, trad. du latin de
    Sucquet par Morin. *Anvers,* 1623. *in* 8°. *figur.*

318 L'Homme Chrétien, par Senault. *Paris,* 1663.

319 L'Homme Criminel, par le même. *Paris,* 1663.

320 Devoirs de la Vie Monaſtique, par l'Abbé de la
    Trappe. *Paris,* 1683. 2. *vol.*

321 Eclairciſſemens ſur les Devoirs Monaſtiques. *Paris*, 1685.

322 La Perpetuité de la Foy, par Ant. Arnauld. *Paris*, 1669. *&c.* 3. *vol.*

323 Réponſe à la Perpetuité de la Foy. *Charenton*, 1668.

324 Autre réponſe à la Perpetuité. *Quevilly*, 1670.

325 Hiſtoire de l'Euchariſtie, par Matthieu Larroque. *Amſterdam*, 1669.

326 Tradition de l'Egliſe ſur la Pénitence & la Communion, (par Antoine Arnauld.) *Paris*, *Vitray*, 1644.

327 Réponſe au Livre de M. l'Evêque de Lavaur contre le Livre de la frequente Communion. 1644.

328 La ſcience de la Grace, par le Pere le Boſſu Jeſuite. *Paris*, 1654.

329 Réponſe à la 2. Lettre de M. Arnauld, par Marandé. *Paris*, 1655. *Et autres piéces.*

330 La verité de la Religion Chrétienne, par du Pleſſis-Mornay. *Anvers*, 1581.

331 Renverſement de la Morale de J. C. par les Calviniſtes, (par Ant. Arnauld.) *Paris*, 1672.

332 Préjugez légitimes contre le Papiſme, par Jurieu. *Amſterdam*, 1685. 2. *tom. en* 1. *vol.*

333 Theatre de l'Antechriſt, par Vignier. 1610. *in folio.*

334 Lux in tenebris, ſeu Revelationes & Prophetiæ Coſteri & aliorum. 1657.

335 Weſtoni Anti-Atheus, Anti-Politicus, & Anti-Sectarius. *Duaci*, 1609.

336 Acta Theologorum Swalbacenſium inter Jeſuitas, Moguntinos & Paræum. 1619.

337 Georg. Dounami Papa Antichriſtus. *Lond.* 1620.

338 Tuba Pacis, per Matthæum Prætorium. *Colonia*, 1685.

339 De la Paix de l'Egliſe, par Brachet de la Milletiere. *Paris*, 1646.

340 L'Alcoran de Mahomet, traduit par du Ryer. *Paris,* 1647.

JURISPRUDENTIA, *in* 4°.

JUS CANONICUM, *in* 4°.

341 HIftoire du Concile de Conftance, par Lenfant. *Amfterdam,* 1714.

343 Inftructions & autres Actes concernans le Concile de Trente, (recueillis par du Puy.) *Paris,* 1654.

344 Richerius de ecclefiaftica & politica Poteftate. *Parif.* 1622.

345 Ejufdem Hiftoria Conciliorum. *Colonia,* 1680, *tomus primus.*

346 Ordinationes Cleri Gallicani circa Regulares. *Parifiis,* 1665.

347 Recueil general des Affaires du Clergé de France. *Paris,* 1636. 5. *vol.*

348 Comment. fur le traité des Libertez de l'Eglife Gallicane de Pithou, par du Puy. *Paris,* 1652. G. P. *maroq.*

349 Defenfe des Libertez de l'Eglife Gallicane contre les Thefes foutenues aux Jefuites en 1661. & autres piéces.

350 Recueil de piéces concernant l'Affemblée de 1681. touchant la Régale.

351 Difcorfo della Inquifitione, da Paolo Sarpi. 1639.

JUS CIVILE, *in* 4°.

352 Marculfi Formulæ, cum notis Bignonii. *Parifiis,* 1666. *maroq.*

353 Petri Stockmans tractatus de jure Devolutionis. *Bruxel.* 1668.

354 Le Code d'Henry IV. *Colligny*, 1613.

355 Ordonnance de 1667. *Paris*, 1667.

356 { Ordonnance & Edits de 1669. *Paris*, 1669. Ordonnance des Eaux & Forêts de 1673. *Paris*, 1673.

357 Ordonnance Criminelle. *Paris*, 1670.

358 Abregé des Ordonnances Royaux, par Jean Nau. *Paris*, 1658.

359 Us & Coutumes de la Mer. *Roüen*, 1671.

360 Confuetudines Bituricenfes, Aurelian. & Turon. cum comment. *Parif.* 1543.

361 Le Corps du Droit François. 1600. *maroq.*

362 Arrêts de Robert, trad. du latin. *Paris*, 1611.

363 Arrêts de Montholon. *Paris*, 1623.

364 Arrêts de Bouguier. *Paris*, 1629.

365 Arrêts de Chenu. *Lyon*, 1630.

366 Notables Arrêts des Audiances du Parlement de Paris. *Paris*, 1664.

367 Arrêt du Parlement en la caufe des Daubriots. *Paris*, 1660.

368 { Arrêt notable contre les Banqueroutiers, &c. *Paris*, 1673. Et autres piéces fur differens fujets.

369 Doctrine des Arrêts, par Jovet. *Paris*, 1665.

370 { Arrêt du Parlement touchant la réforme des Religieux Mandians. *Paris*, 1667. Et autres piéces.

371 Praticien François, par Gaftier. *Paris*, 1662.

372 Styls des Cours, par Gaftier. *Paris*, 1661.

373 Les mêmes. *Paris*, 1666.

374 Les Procès Civil & Criminel, par le Brun de la Rochette. *Roüen*, 1647.

375 Tréfor des Harangues & Remontrances aux ouvertures du Parlement, & autres occafions, par Laurent Gilbaut. *Paris*, 1660.

376 Plaidoyers de Galland. *Paris*, 1656.

377 Plaidoyers de Boné. *Paris*, 1657.

378 Plaidoyers d'Henrys. *Paris*, 1658.

379 Plaidoyers de Patru. *Paris*, 1670.

380 Plaidoyers de Quarré. *Paris*, 1659.

381 Remontrances & ouvertures du Palais, par M. de Nefmond. *Lyon*, 1656.

382 Harangues & autres œuvres de Fardoil. *Paris*, 1665.

383 Plaidoyers de Nic. Corberon & d'Abel de Sainte-Marthe. *Paris*, 1693.

384 Ouvertures du Parlement, &c. par d'Orleans. *Paris*, 1612.

385 Plaidoyers d'Expilly. *Paris*, 1612.

386 Les mêmes. *Lyon*, 1636.

387 Recueil de Factums, de Maillard, Gyroux & autres. 3. *vol.*

388 De la Majorité des Roys, par du Puy. *Paris*, 1655.

389 Des Droits honorifiques, par Marefchal. *Sans frontifpice.*

390 Traité des Donations, par Ricard. *Paris*, 1660. 2. *vol.*

391 Traité des Subftitutions, par le même. *Paris*, 1661. 2. *vol.*

392 Oeuvres de Simon d'Olive. *Lyon*, 1649.

393 Oeuvres de Lefchaffier. *Paris*, 1652.

394 Oeuvres de Gilles le Maiftre. *Paris*, 1675.

395 Les mêmes. *Paris*, 1680.

396 Playdoyers d'Ant. le Maiftre, donnez par Iffali. *Paris*, 1669.

397 Le parfait Négociant, par Savary. *Paris*, 1675.

SCIENTIÆ ET ARTES, *in* 4º.

PHILOSOPHI, *in* 4º.

398 CArdan de la Subtilité, trad. par le Blanc. *Paris, 1546.*

399 Méditations de Defcartes. *Paris, 1661.*

400 Les principes de la Philofophie, du même. *Paris, 1659.*

401 Methode, Meteores & Dioptrique, du même. *Leyde, 1637.*

402 L'Homme de Defcartes. *Paris, 1664.*

403 Lettres, du même. *Paris, 1663. 3. vol.*

404 Traité de la Mecanique & de la Mufique, du même. *Paris, 1668.*

405 Traité de l'Efprit de l'Homme, felon Defcartes, par de la Forge. *Paris, 1666.*

406 Cartefii Geometria, latinè, cum comment. *Amftelodami, 1659. 2. vol.*

408 Du Hamel de confenfu veteris & novæ Philofophiæ. *Parif. 1663. maroq.*

409 Phyfique de Rohault. *Paris, 1671. 2. tom. en 1. vol.*

410 De la certitude des connoiffances humaines, par Silhon. *Paris, de l'Imprimerie royale, 1661. maroq.*

411 Della Filofofia naturale, d'Aleffandro Piccolomini. *Venet. 1585.*

MORALES ET POLITICI, *in* 4º.

412 Simplicius in Epictètum, gr. lat. per Salmafium. *Lugd. Batav. 1640.*

413 Morale d'Aristote, trad. par Catel. *Tolose,* 1644.
414 Apophtegmes tirez des anciens Auteurs, par d'Ablancourt. *Paris,* 1664.
415 Quatrains de Pibrac, lat. fr. *Paris,* 1666.
416 Caracteres des Passions, par de la Chambre. *Paris,* 1640. *& suiv.* 5. *vol.*
417 De la connoissance des Animaux, par le même. *Paris,* 1662.
418 Systeme de l'Ame, par le même. *Paris,* 1664.
419 Traité de la Lumiere, par le même. *Paris,* 1662.
420 Observations & conjectures sur l'Iris, par le même. *Paris,* 1650.
421 La Philosophie morale, par Marteau. *Paris,* 1656. *maroq.*
422 Morale de Bary. *Paris,* 1663.
423 L'Art de discourir des Passions, par Lesclache; & autres ouvrages du même. 6. *vol.*
424 Dialogi di Ant. Brucioli della Morale Philosophia. *Venet.* 1544.
425 Dispregio della vanità del Mondo, trad. da spagnuolo di Diego Stella, per Battista Peruschi. *Venet.* 1645. *maroq.*
426 Dialoghi de' Governi, del Brusanti. *Modona,* 1611. *maroq.*
426 * Del Ministro di Stato. *Senza inscrittione.*
427 Opere di Macchiavelli. 1550. *C. M. buona edit.*
428 L'Homme de Cour, de Baltaz. Gracian, trad. par Amelot de la Houssaie. *Paris,* 1684.
429 Discours politiques de Priezac. *Paris,* 1652.
430 Le Prince illustre, ou le parfait modele de la Noblesse. *Paris,* 1664.
431 Grotius de jure Belli & Pacis. 1670. *in* 8°.

HISTORIA NATURALIS, *in* 4°.

432 Excerpta ex Æliani Historia de vi & natura Animalium, &c. *Lugd. Gryph.* 1535.

433 Ferrarius de Florum cultura. *Amstelod.* 1646. *figur. maroq.*

434 Maison Rustique de Charles Estienne & Jean Liébaut. *Roüen*, 1653.

MEDICINA, *in* 4°.

435 Chirurgie de Daléchamps & de Girault. *Paris*, 1610.

436 Observations & Histoires Chirurgiques, trad. de differens Auteurs. *Geneve*, 1665.

437 Alberti Kyperi Anthropologia. *Elzev.* 1660.

438 Oeuvres de Riolan, trad. par Constant. *Paris*, 1629.

439 Thomæ Bartholini Anatome. *Lugd. Batav.* 1673. *in* 8°. *figur.*

440 Jo. Sculteti Armamentarium Chirurgicum. *Hagæ*, 1656. *in* 8°. *figur.*

440 * Pharmacopée de Charas. *Paris*, 1676. G. P. *mar.*

441 La Mareschallerie de Laurent Ruzé. *Paris*, 1583.

PICTURA, *in* 4°.

442 Vite de' Pittori, di Vasari. *Fiorenza*, *Giunti*, 1568. 3. *vol.*

443 Vite de gl'illustri Pittori Veneti, dal Cavalier Carlo Ridolfi. *Venet.* 1648. 2. *tom. in* 1. *vol.*

444 Vite de' Pittori moderni, da Giov. Pietro Bellori. *Roma*, 1672.

445 Les Principes d'Architecture, Sculpture & Peinture, par Felibien. *Paris*, 1676.

446 Entretiens sur les Vies & ouvrages des Peintres, par le même. *Paris*, 1666. 72. 79. *&* 85. 4. *tom. en* 2. *vol.*

D

MATHEMATICA, *in* 4°.

447 Elemens des Mathématiques, par Preſtet. *Paris*, 1675.

448 Jo. Wieri opera omnia. *Amſtelodami*, 1660.

449 Les Devins, trad. du latin de Peucer. *Anvers*, 1584.

450 Diſcours & Hiſtoires des Spectres, &c. par le Loyer. *Paris*, 1605.

451 La Demonomanie des Sorciers, par Bodin. *Paris*, 1580.

452 De l'inconſtance des mauvais Anges & Demons, par Pierre de Lancre. *Paris*, 1613.

453 Epiſtolæ Thomæ Eraſti de Aſtrologia divinatrice. *Baſil.* 1580.

454 La Chiromance, la Phyſionomie, & la Geomance, par de Peruchio. *Paris*, 1663.

454 * Balance Magnetique, avec des reflexions ſur une Balance inventée par M. Perrault, par M. de Hautefeüille. *Paris*, 1702.

MUSICA, *in* 4°.

455 Recueil d'Airs des mois, imprimez depuis 1695. juſques & compris 1709. 5. *vol.*

456 { Omphale, par des Touches. / Hippodamie, par Campra.

457 { Tancrede, par Campra. / Les Muſes, par le même.

458 { L'Europe Galante, de Campra : 3. *édit.* / Le Carnaval de Veniſe, du même.

459 { Fêtes Galantes, par Deſmarets. / Meduſe, par Bouvard. / La Serénade Venitienne, par Campra. / Extrait de l'Opera d'Iphigenie.

460 { Hefione, par Campra.
      { Arethufe, du même.

461 Double d'Hefione.

462 { Theagene & Cariclée, de Defmarets.
      { Arriane & Bacchus, de Marais.

463 { Iffé, de des Touches.
      { Marthefie, du même.

464 { Ulyffe, de Rebel.
      { Triomphe des Arts, de la Barre.

465 { Bradamante, de la Cofte.
      { Aricie, du même.

466 { La naiffance de Venus, de Collaffe.
      { Le Ballet des Saifons. du même.

467 Philomele, de la Cofte.

468 Meleagre, de Stuck.

469 Venus & Adonis, de Defmarets.

470 { La Chaffe du Cerf, de Morin.
      { Le Triomphe de la Raifon fur l'Amour, de Lully.
      { L'Hymenée royal, de Gillier le jeune.

471 { Le Carnaval de Venife, de Campra le jeune.
      { Arethufe, de Campra.

472 { Didon, de Defmarets.
      { Les Amours de Momus, du même.

473 Achille & Polixene, de Collaffe.

473 * Partitions des grands Motets de Lully. *En* 17.
      brochures.

474 Baffe continuë du 1. livre des pieces de Viole de
      Marais.

475 Airs manufcrits. 8. *vol. tant in* 4°. *qu'in* 8°.

476 Huit petites brochures d'Airs & Cantates.

477 Recueil des paroles de quelques Opera. 3. *vol.*

478 Paquet de Mufique MS.

HUMANIORES LITTERÆ, *in* 4º.

GRAMMATICI ET RHETORICI, *in* 4º.

479 C Alepinus, Passeratii. *Lugd. Batav.* 1654. 2. *vol.*

480 Dictionnaire italien & françois, d'Oudin. *Paris,* 1655.

481 Recherches & Antiquités Gauloises, par Borel. *Paris,* 1655.

482 Remarques sur la langue françoise, par de Vauge-las. *Paris,* 1647. *G. P.*

483 Remarques nouvelles sur la langue françoise, par Bouhours. *Paris,* 1675.

484 Origines de la langue françoise, par Menage. *Paris,* 1650. *G. P.*

485 Aristotelis ars differendi, latinè, cum comment. per Carpentarium. *Parif.* 1578.

486 Ciceronis opera, ex edit. Schrevelii. *Lugd. Batav,* Elzevir. 1661. 2. *vol.*

487 Les Declamations de Quintilien, trad. par du Teil. *Paris,* 1659.

488 Le même de l'institution de l'Orateur, trad. par de Pure. *Paris,* 1663.

489 Panegyrique de Trajan, de Pline Second, trad. par de la Mesnardiere. *Paris,* 1638. *maroq.*

490 Actions publiques d'Ogier. *Paris,* 1656. & 1665. 2. *vol. G. P.*

491 Panegyricus Galliarum Senatui dictus à Jacobo de la Baune. *Parif.* 1685. *figur.*

POETÆ, *in* 4°.

492 La Poëtique, de la Mesnardiere. *Paris*, 1640.

493 Terentio, commentato da Fabrini. *Venet.* 1580.

494 Les six premiers livres de l'Eneïde, lat. & fr. en vers, (par Perrin.) *Paris*, 1648. *figur.*

495 Horatius, Lubini. *Francofurti*, 1612.

496 Le Metamorfofi d'Ovidio, di Giov. Andrea dell'Anguillara. *Venet.* 1561. *figur.*

497 Juvenalis & Persius, Lubini. *Hanoviæ*, 1603.

498 Lucretius, Lambini. *Parif.* 1563. *maroq.*

499 Statius, Crucei. *Parif.* 1618.

500 Il Petrarca, con l'espofitione di Vellutello. *Venet.* 1568.

501 Orlando innamorato, del Boiardo. *Milano*, 1542. *maroq.*

502 Orlando furiofo del Ariofto, con annot. di Ruscelli. *Venet. Valgrif.* 1565. *figur. maroq.*

503 Roland le furieux, trad. de l'Ariofte, par de Roffet. *Paris*, 1644. *fig.*

504 La Jerufalem du Tafle, mife en vers françois par le Clerc. *Paris*, 1667.

505 Le Berger fidelle, trad. de l'italien. *Paris*, 1652.

506 Il Polemidoro, Poëma di Gualterotti. *Firenze*, 1600.

506 * Cento Favole morali, di Mario. *Venetia*, 1577. *figur.*

507 Rapini Eclogæ. *Parifiis*, 1659.

508 Ejufdem Horti. *Parifiis*, è *Typogr. reg.* 1665.

508 * Cinq pieces de Theatre : fçavoir ; le Soliman, de Dalibray ; le Thyefte, de Monleon ; le Capitan, de Plaute ; l'Efprit folet, de d'Ouville ; & le Ballet royal de la Nuit.

509 Poëfies de Scudery. *Paris*, 1649.

509 * Recueil des Epîtres en vers burlefques, de Scar.

ron & autres Auteurs, fur ce qui s'eft paffé en 1655.
Paris, 1656.

510 Fables choifies de la Fontaine. *Paris*, 1668. *figur.*
maroq.

510 * Oeuvres diverfes de Boileau Defpreaux. *Paris*,
1674. *maroq.*

MISCELLANEI, *in* 4°.

511 Petronius, Lotichii. *Francof.* 1629.

512 Lucien, traduit par d'Ablancourt. *Paris*, 1654.
2. *vol.* G. P.

513 Philoftrate de la vie d'Apollonius de Tyane, trad.
avec des comment. par de Vigenere. *Paris*, 1611.

514 Il Decamerone del Boccaccio. *Venet. Giolito*, 1546.
maroq.

515 { Fiamella, Paftorale di Bartolomeo Roffi. *Parigi*,
| 1584.
| Teatro de' Cervelli mondani, da Garzoni. *Venet.*
| 1583.
| Ragionamento fopra alcuni luoghi del Boccaccio.
| *Lione*, 1555.
{ Oloferne, Tragedia d'Alberti. *Ferrara*, 1594.

516 L'Eptameron de Marguerite de Valois Reine de
Navarre. *Paris*, 1559.

517 Il Seraglio de gli ftupori del mondo, di Garzoni.
Venet. 1613.

518 Les diverfes Leçons de Meffie, trad. par Gruget.
Paris, 1552.

519 Raguagli di Parnafo, del Boccalini. *Venet.* 1630. 2.
vol.

520 Oeuvres de Malherbe. *Paris*, 1630.

521 Les Avis ou les Prefens de la D^{lle}. de Gournay.
Paris, 1634.

522 Oeuvres de Maynard. *Paris*, 1646.

523 Oeuvres de Voiture. *Paris*, 1654. G. P.

524 Oeuvres de Sarasin. *Paris,* 1656.

525 Lettres de Coftar. *Paris,* 1658.

526 Dialogues d'Orasius Tubero, (de la Mothe-le-Vayer.) *Francfort,* 1606.

527 Menagii Miscellanea. *Parisiis,* 1652.

HIEROGLYPHICI, *in* 4°.

528 Amoris Divini Emblemata, Vænii. *Antverpiæ,* 1660. *figur.*

529 Camerarii Symbola & Emblemata. 1590. *figur.*

530 Le Imagini de gli Dei de gli Antichi, da Cartari. *Venet.* 1571. *figur.*

531 Emblemata Florentii Schonhovii. *Elzev.* 1626. *figur. maroq.*

532 Le Imprese di Ruscelli. *Venet.* 1566. *figur. C. M.*

533 Imprese di diversi Prencipi, da Lodovico Dolce. *Venet.* 1583. *figur.*

534 Sylvester à Petra-Sancta de Symbolis Heroicis. *Antverp.* 1634. *figur.*

535 La Devise du Roy justifiée, par le P. Meneftrier. *Paris,* 1679.

RESPUBLICA LITTERARIA, *in* 4°.

536 { Illustrium Virorum Academiæ Lugduno-Batavæ Elogia & Icones. *Lug ¹. Batav.* 1613.
Doutremanni Conftantinopolis Belgica. *Tornaci,* 1643.

537 Elogi d'Huomini Letterati, da Lorenzo Craffo. *Venetia,* 1666. 2. *vol. figur.*

538 Journal des Sçavans, depuis 1665. jufques & compris 1674. 3. *vol.*

HISTORIA, *in* 4º.

GEOGRAPHI ET CHRONOLOGI, *in* 4º.

339 Description de l'Univers, par Mallet. *Paris,* 1683. 5. *vol. in* 8º. *figur.*

540 L'Europe, l'Asie, l'Afrique & l'Amerique, de Sanson. *Paris,* 1662. 4. *tom. en* 2. *vol.*

541 Cluverii epitome Historiarum totius Mundi. *Lugd. Batav.* 1657.

541 * Lettres sur les matieres du tems, pendant 1688. 89. & 90. *Amsterdam.*

HISTORIA ECCLESIASTICA, *in* 4º.

542 Histoire de l'Eglise, par l'Abbé de Choisy. *Paris,* 1703. 4. *vol.*

543 Les Fastes des anciens Hebreux, Grecs & Romains, par Vignier. *Paris,* 1588. *maroq.*

544 L'état de l'Eglise depuis les Apôtres, par Taffin. *Bergue,* 1605.

545 Histoire Ecclesiastique du Japon, par Solier. *Paris,* 1627.

546 Histoire Chrétienne, par de Bralion. *Paris,* 1650.

547 Vite de' Pontefici, da Ciccarelli. *Roma,* 1588. *figur.*

548 Vie de S. Charles Borromée, par de Soulefour. *Paris,* 1615.

549 Histoire du Cardinal Duc de Joyeuse, par Aubery. *Paris,* 1654.

550 Hiftoire de l'inftitution des Ordres Religieux, par
Fialetti. *Paris*, 1658. *figur.*

551 Ludovici Lucii Hiftoria Jefuitica. *Bafileæ*, 1627.

552 Hiftoire de la condamnation des Templiers, par
du Puy. *Paris*, 1654. *G. P.*

553 Hiftoire de la naiffance, progrès & décadence de
l'Herefie de ce fiecle, par Florimond de Ræmond.
Paris, 1605. & 1624. 3. *vol.*

554 L'Antichrift & l'Antipapeffe, par le même. *Paris*,
1599.

555 Hiftoire de la Réformation de l'Eglife d'Angle-
terre, de Burnet, trad. par de Rofemond. *Londres*,
1683. 2. *vol.*

556 Les Religions du Monde, par Rofs, trad. par la
Gruë. *Amfterdam*, 1666. *figur.*

557 La porte pour parvenir à la connoiffance du Paga-
nifme caché, ou les mœurs des Bramines, par Abra-
ham Roger, trad. par la Gruë. *Amfterdam*, 1670.
figur.

558 ⎰ Hiftoire de la Religion des Turcs, par Baudier,
Paris, 1625.
Hiftoire du Serrail, par le même. *Paris*, 1626.
Hiftoire de la Cour du Roy de la Chine, par le
même. *Paris*, 1626.

HISTORIA GRÆCA ET ROMANA, *in* 4°.

559 Quinte-Curce, trad. par de Vaugelas. *Paris*, 1653.
G. P.

560 Les Comment. de Cefar, trad. par d'Ablancourt.
Paris, 1658.

562 Tacite, traduit par d'Ablancourt. *Paris*, 1658.
G. P. maroq.

563 Cornelio Tacito, trad. & illuftrato da Girolamo
Canini. *Venet.* 1644.

HISTORIA FRANCICA, *in* 4º.

564 Hiftoire des Gaules, par de l'Eftang Sieur de Bel-eftang. *Bourdeaux,* 1618.

565 Memoires des Gaules, par Dupleix. *Paris,* 1619.

566 Oeuvres de Fauchet. *Paris,* 1610. *maroq.*

567 Abregé de l'Hiftoire de Mezeray. *Paris, Billaine,* 1668. 3. *vol.*

568 Memoires de du Tillet. *Paris,* 1618.

569 Hiftoire de Philippe de Valois & du Roy Jean, par de Choify. *Paris,* 1688. *maroq.*

570 Hiftoire de Charles V. par de Choify. *Paris,* 1689.

571 Hiftoire de Bertrand du Guefclin, publiée par Menard. *Paris,* 1618. G. P.

572 Hiftoire du Maréchal de Boucicaut, publiée par Godefroy. *Paris,* 1620. G. P.

573 Chronique fcandaleufe, ou Hiftoire de Loüis XI. *Imprimé en* 1620.

574 Hiftoire du Chevalier Bayard, publiée par Gode-froy. *Paris,* 1619.

575 Hiftoire des Revolutions de l'Europe, par Varil-las. *Paris,* 1686. 2. *vol.*

576 Hiftoire de Loüis XII. par le même. *Paris,* 1688. 3. *vol.*

577 Hiftoire de François I. par le même. *Paris,* 1685. 2. *vol.*

578 Hiftoire de Charles IX. par le même. *Paris,* 1683. 2. *vol.*

578 * Le Siege de Metz, en 1552. par de Salignac. *Paris, Ch. Eftienne,* 1553.

579 Lettres de M. Paul de Foix Archev. de Touloufe. *Paris,* 1628.

580 Hift. delle Guerre civili di Francia, del Davila. *Venet.* 1642.

581 Vie de l'Admiral de Chaftillon, (par Jean de Serres.)

582 La Vie de François de la Noüé, dit Bras de Fer, par Amirault. *Leyde*, 1661.

583 Memoires de Ph. de Mornay Sieur du Pleffis-Marly. *La Foreft*, 1624. 2. *tom. en* 1. *vol.*

584 Vie du même, (par de Licques.) *Leyde, Elzevir*, 1647.

585 Les Relations du Cardinal Bentivoglio, trad. de l'italien. *Paris*, 1642. G. P.

586 Hiftoire de France fous le Regne d'Henry IV. par Matthieu. *Paris*, 1605.

587 Hiftoire d'Henry IV. par Hardoüin de Perefixe. *Paris*, 1662.

588 Recueil de pieces pour fervir à l'Hiftoire. 1638. *maroq.*

589 Mercurio di Siri : *tomo* 1°. & 2°. *Geneva*, 1646. & 1647. 3. *vol.*

590 Journal du Parlement. *Paris*, 1648.

591 XIII. vol. de Mazarinades. 1649.

592 Jugemens de ce qui a été publié contre le Cardinal Mazarin, (par Naudé.) 2°. *édit. en* 717. *pages.* G. P.

593 Recueil de la Guerre de Paris. 1649. 2. *vol.*

594 Hiftoire de la prifon & liberté de M. le Prince. 1651.

595 L'Année Françoife, ou la feconde Campagne de Loüis XIV. *Paris*, 1656.

396 Memoires de feu M. le Duc de Guife. *Paris*, 1668.

397 Hiftoire des démêlez de la Cour de France avec celle de Rome, au fujet de l'affaire des Corfes, par Regnier Defmarais. *Paris*, 1707.

398 Defcription des Guerres de France & d'Angleterre, depuis 1664. jufqu'en 1667. *Amfterdam*, 1667. *figur.*

399 Labardæus de Rebus Gallicis, *Parifiis*, 1675. *maroq.*

600 {
 Douze Tableaux de Loüis XIV. de la Reine Mere, &c. *Paris*, 1655. *figur.*
 Le raviſſement de Proſerpine, & autres poëſies de d'Aſſoucy. *Paris*, 1643.

601 Les memorables Journées des François, par Girard. *Paris*, 1647. *figur.*

602 Le Tacite François, ou Vies de pluſieurs Rois de France, avec des réflexions, par de Ceriziers. *Paris*, 1648.

HISTORIA EXTERARUM NATIONUM, *in* 4º.

603 Hiſt. d'Italia, del Guicciardini. *Venet.* 1568.

604 Hiſt. di Giov. Capriata. *Bologna*, 1639.

605 Hiſt. di Napoli, di Giov. Ant. Summonte. *Napoli*, 1601. 4. *tom. in* 2. *vol. maroq.*

606 Hiſtoire de Veniſe, par de Fougaſſes. *Paris*, 1608. 2. *vol.*

607 Hiſtoire d'Allemagne, par de Prade. *Paris*, 1677.

608 Diſcours de l'Election de l'Empereur, par de Wicquefort. *Paris*, 1658.

609 Hiſtoire & Politique de la Maiſon d'Auſtriche, par du Boſc de Montandré. *Paris*, 1663.

610 Memoires de la Vie de Loüiſe-Juliane Electrice Palatine, née Princeſſe d'Orange. *Leyden*, 1645.

611 Hiſtoire des Rois & Princes de Pologne, trad. du latin de Fulſtin. *Paris*, 1573.

612 Icones & Vitæ Principum & Regum Poloniæ, auctore Neugebavero. *Francof.* 1620.

613 Relation du Voyage de la Reine de Pologne, par le Laboureur. *Paris*, 1648.

614 Hiſtoire de la Laponie, trad. du latin de Scheffer, par Lubin. *Paris*, 1678. *figur.*

615 Diſcours des Hiſtoires de Lorraine & de Flandres, par Ch. Eſtienne. *Paris*, 1552.

616 L'Intrigue de la Trahison Lorraine, par du Boïs de Montandré. *Paris*, 1663.

617 Memoires d'Olivier de la Marche. *Gand*, 1566.

618 Histoire du Siege d'Ostende, par Haëstens. *Leyde*, 1615.

619 Annales des choses memorables arrivées en Angleterre sous Henry VIII. Edoüard VI. & Marie, trad. du latin de Godwin, par de Loigny. *Paris*, 1647.

620 Histoire d'Elizabeth Reine d'Angleterre, trad. du latin de Cambden par de Bellegent. *Paris*, 1627.

621 { Memoires de Charles I. écrits de sa propre main dans sa prison, trad. de l'anglois par de Marsys. *Paris*, 1649.
Histoire de la persécution des Catholiques en Angleterre, par le même de Marsys. *Paris*, 1646.

622 Histoire des Troubles de la Grand'Bretagne, par de Salmonet. *Paris*, 1649. G. P.

623 Apologie pour Charles I. Roy d'Angleterre, par Saumaise, trad. du latin. *Paris*, 1650. G. P.

624 Sommaire de ce qui s'est passé en Angleterre depuis 1640. jusqu'en 1650. à l'occasion du Procès de Charles I. *Paris*, 1650.

625 Ricaut de l'état présent de l'Empire Ottoman, traduit par Briot. *Paris*, 1670. *avec figures de le Clerc.*

626 Relation du Serrail, par Tavernier. *Paris*, 1675.

627 { Histoire Mahometane, ou les 49. Califes du Macine, trad. par Vattier. *Paris*, 1657.
Histoire & Portrait de Tamerlan, par le même. *Paris*, 1658.

628 Histoire de Georges Castriot surnommé Scanderberg, Roy d'Albanie, par Jacques de Lavardin. *Paris*, 1621.

629 Les Beautez de la Perse, par Daulier Deslandes; avec les Avantures maritimes de Loüis Marot Pilote Real des Galeres de France. *Paris*, 1673. *fig.*

630 Relation des Victoires de Scha Abbas Roy de

Perſe contre Mahomet & Achmet ſon fils, trad. du portugais. *Roüen*, 1646.

631 Hiſtoire de la Chine, trad. du portugais de Semedo; avec l'Hiſtoire de la Guerre des Tartares, trad. du latin de Martini. *Lyon*, 1667.

632 Hiſtoire des Indes Orientales & Occidentales, trad. du latin de Maffée, par de Pure. *Paris*, 1665.

633 L'Afrique de Marmol, trad. par d'Ablancourt. *Paris*, 1667. 3. *vol. figur.*

634 Hiſtoire de l'Iſle de Madagaſcar, par de Flacourt. *Paris*, 1651.

635 Relations du Breſil, & de Madagaſcar, publiées par du Puy. *Paris*, 1651.

636 Relation du Royaume de Tunquin, trad. de l'italien de Marini par le Comte. *Paris*, 1666. G. P.

637 Hiſtoire des Conquêtes des Caſtillans dans les Iſles & Terre-ferme des Indes Occidentales, par Herrera, trad. par de la Coſte. *Paris*, 1659. & 1671. 3. *vol.*

638 Narratio Regionum Indicarum per Hiſpanos devaſtatarum; ex hiſpanico Caſæi latinè. *Oppenheimii, de Bry*, 1614. *figur.*

639 Le Commentaire Royal, ou Hiſtoire des Yncas, par Garcilaſſo de la Vega, trad. par Baudoin. *Paris*, 1633.

640 Hiſtoire des Guerres civiles des Eſpagnols dans les Indes, trad. du même Garcilaſſo de la Vega par Baudoin. *Paris*, 1650. 2. *vol.*

641 Hiſtoire generale des Antilles, par du Tertre. *Paris*, 1667. & 1671. 4. *tom. en* 3. *vol. figur.*

642 Hiſtoire naturelle & morale des Antilles, par de Rochefort. *Roterdam*, 1658. *figur.*

PEREGRINATIONES, *in* 4°.

643 Le Voyageur curieux qui fait le tour du Monde. *Paris*, 1664.

644 Voyage du Prince Don Fernande Cardinal Infant d'Espagne, trad. de l'espagnol par Chifflet. *Anvers*, 1635. *fig.*

645 Viaggi di Pietro della Valle. *Roma*, 1650. & 58. 3. *vol.*

646 Les mêmes Voyages, traduits par le Comte & Carneau. *Paris*, 1663. 4. *vol.*

647 Voyages avantureux de Fernand Mendez Pinto, traduits du portugais par Bernard Figuier. *Paris*, 1645.

648 Voyages de Monconys. *Lyon*, 1665. 3. *vol.* *fig.*

649 Voyages de Vincent le Blanc, publiez par Coulon. *Paris*, 1648.

650 Voyages de la Boullaye-le-Gouz. *Paris*, 1653. G. P.

651 Singularitez observées en Grece, Afie, &c. par Belon. *Paris*, 1588. *figur.*

652 Voyages du Sieur du Loir au Levant. *Paris*, 1654.

653 Voyage du Sieur des Hayes au Levant, par le commandement du Roy. *Paris*, 1645. *figur.*

654 Voyage de Thevenot au Levant. *Paris*, 1663. & 74. 2. *vol.*

655 Voyages de M. de Breves. *Paris*, 1628.

656 Voyage de la Terre Sainte, par Doubdan. *Paris*, 1666. *figur.*

657 Navigationi & Viaggi nella Turchia, di Nic. de Nicolaï. *Anverfa*, 1576. *figur.*

658 Voyage de Conftantinople, par Grelot. *Paris*, 1680. *figur.*

659 Voyages de Struys en Moscovie, Tartarie, & aux Indes. *Amsterdam*, 1681. *figur.*

660 Voyages d'Olearius & de Mandelslo en Moscovie, & Perse, & aux Indes Orientales, trad. par de Wicquefort. *Paris*, 1659. 2. *vol. fig.*

661 Relation de Voyages en Hongrie, Servie, Bulgarie, &c. trad. de l'anglois de Brown. *Paris*, 1674. *figur.*

662 Voyage de Perse & des Indes Orientales, trad. de l'anglois de Thomas Herbert, par de Wicquefort. *Paris*, 1663.

662 * Ambassade en Perse de Figueroa, trad. par de Wicquefort. *Paris*, 1667.

663 Voyage de Canada, par de Champlain. *Paris*, 1640.

664 Voyage de la France Equinoxiale, en l'Isle de Cayenne, par Biet. *Paris*, 1664.

665 Voyage d'Espagne, fait en 1655. *Paris*, 1665.

EXCERPTA HISTORICA, *in* 4°.

666 Car. Stephani Dictionarium Histor. Geograph. Poëticum. *Parisiis*, 1608.

667 Recherches curieuses d'Antiquitez, par Spon. *Lyon*, 1683. *figur.*

668 Funerali antichi, da Porcacchi. *Venet.* 1574. *figur.*

669 Guichard des Funerailles des Romains. *Lyon, de Tournes*, 1581.

670 Les Comparaisons des grands Hommes qui ont excellé dans les Lettres, avec des Réflexions sur l'Eloquence, &c. par Rapin. *Paris*, 1684. 2. *tom. en* 1. *vol.*

670 * Desseins de professions nobles & publiques, avec l'Histoire de la M. de Bourbon, par de Laval. *Paris*, 1605.

671 Histoire des Hommes illustres de la Maison de Medicis, avec un abregé de l'Histoire des Comtes de Bologne & d'Auvergne, par Nestor. *Paris.* 1564.

672 Histoire des plus illustres Favoris, avec la Relation de la mort du Maréchal d'Ancre, (par du Puy.) *Leyde, Elzevir,* 1659.

673 Origine des Seigneurs de Brederode, par Voët, trad. du flamand par Palhot. *Amsterdam,* 1663.

674 Genealogies des Maisons de Bonne, Crequy, &c. par Allard. *Grenoble,* 1672.

675 L'Ambassadeur de Wicquefort. *La Haye,* 1681. 2. *vol.*

676 Recueil des Conferences du Bureau d'Adresse, depuis 1633. jusqu'en 1642. *Paris,* 1654. 5. *vol.*

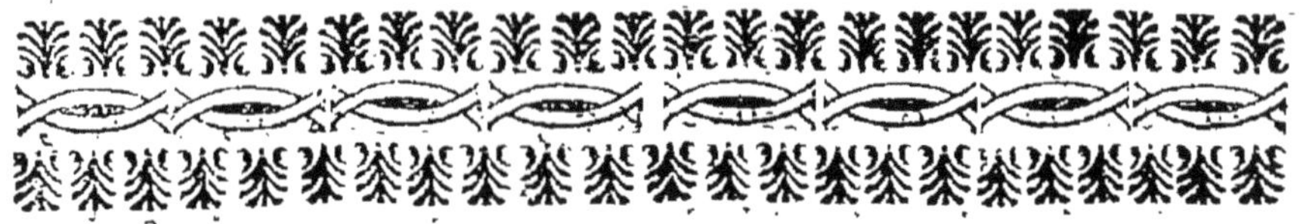

THEOLOGIA,

in 8°. *in* 12. *&c.*

677 **B**Iblia latina. *Coloniæ*, 1659. *in* 8.

678 Bible lat. & fr. avec le comment. de M. de
Sacy. *Bruxel.* 1700. 30. *vol. in* 12. *manq. la*
Sageffe, les Actes des Ap. les Epît. de S. Paul
& Canoniq. & l'Apocalypfe.

679 Proverbes de Salomon, lat. fr. avec le comment.
du même M. de Sacy. *Ibidem, in* 12.

680 Paraphrafe en vers du Cantique des Cantiques, par
Cottin. *Paris,* 1662. *in* 12.

681 Pfalterium Davidis, gr. lat. *Plantin.* 1584. *in* 16.
maroq.

682 Pfalmi Davidis. *Elzevir.* 1653. *in* 12.

683 Pfeaumes en vers, par M. Godeau. *Paris, le Petit,*
1649. *in* 8.

684 Paraphrafe fur les Pfeaumes, par Cadenet. *Paris,*
1679. *in* 8.

685 Menaffeh Ben-Ifrael de Creatione. *Amft.* 1635.
in 12.

686 Il Nuovo Teftamento italiano, da Bruccioli. *Lione,*
Rovillio, 1549. *in* 16. *maroq.*

687 Les Paraboles de l'Evangile en vers, par Furetiere.
Paris, 1672. *in* 12.

688 Nouveau Teftament françois. *Mons,* 1667. 2. *vol.*
in 8.

689 Nouveau Teftament françois. *Mons,* 1697. 2. *vol.*
in 8.

690 Ordonnance de M. de Perefixe Archevêque de

Paris contre le Nouveau Testament de Mons. *Paris,* 1667. *Et autres pieces à ce sujet. in* 8.

691 Examen de quelques passages du Nouveau Testament de Mons, par Mallet. *Roüen,* 1682. *in* 12.

692 Defense du Nouveau Testament de Mons, (par Ant. Arnauld.) *Cologne,* 1680. 2. *vol. in* 8. *maroq.*

693 Continuation de la même Défense. *Cologne,* 1680. *in* 8.

694 Défense de la traduction du Nouveau Testament de Mons, contre les Sermons de Maimbourg. *Cologne,* 1668. *in* 12. *maroq.*

695 De la lecture de l'Ecriture Sainte, (par Ant. Arnauld. *Anvers,*) 1680. *in* 8.

696 Traité de la lecture de l'Ecriture sainte, par M. l'Evêque de Castorie, trad. du latin. *Cologne,* 1680. *in* 8.

697 Lettre touchant l'Histoire critique du Vieux Testament. *Amst.* 1679. *in* 12.

698 Sentimens des Theologiens d'Hollande sur l'Histoire critique de Simon, (par Jean le Clerc.) *Amsterdam,* 1685. *in* 8.

699 Apologie pour Simon contre le Vassor. *Rotterdam,* 1689. *in* 12.

700 Oeuvres de Philon Juif, trad. du grec par Bellier. *Paris,* 1612. 2. *vol. in* 8.

701 L'Octavius de Minutius Felix, trad. par d'Ablancourt. *Paris,* 1677. *in* 12.

702 Apologetique de Tertullien, trad. du latin. *Paris,* 1636. *in* 8.

703 Le même, trad. par Giry. *Paris,* 1660. *in* 12.

704 Tertullien, du Manteau, trad. par Manessier. *Paris,* 1665. *in* 12.

705 Lactantius, cum notis Variorum. *Lugd. Batav.* 1660. *in* 8.

706 Lactance, trad. par Fame. *Paris,* 1546. *in* 8.

707 S. Bernardi opera, curâ Mabillonii. *Parif.* 1667. 9 *vol. in* 8.

708 Ratramne du Sacrement de l'Euchariftie , trad. avec un Avertiffement. *Quevilly* , 1673. *in* 12.

709 L'Efprit de S. Charles Borromée touchant les Sacremens de Penitence & d'Euchariftie. *Doüay*, 1675. *in* 12.

710 Perpetuité de la Foy de l'Eglife touchant l'Euchariftie, (par Nicole.) *Paris , Savreux*, 1664. *in* 12.

711 La créance de l'Eglife Grecque touchant la Tranfubftantiation , par le P. de Paris Chan. Regulier. *Paris* , 1672. *in* 12.

712 { La Meffe trouvée dans l'Ecriture , contre MM. de la R. P. R. *Cologne* , 1672.
Tombeau des Controverfes. *Amfterdam*, 1672.
Confiderations fur la Déclaration duRoy de 1681. *in* 12.

713 Défenfe de la prefence réelle de J. C. dans l'Euchariftie , par le P. Bafile de Soiffons Capucin. *Paris*, 1679. 2. *vol. in* 8.

714 { Remontrance à l'Archevêque de Malines pour la défenfe du Livre de la frequente Communion.
Relation de M. Bourgeois de ce qui s'eft paffé à Rome au fujet du même Livre. 1698. *in* 12.

715 De l'ufage des Sacremens de Penitence & d'Euchariftie. *Sens* , 1674. *in* 12.

716 Réponfe au traité de M. Boffuet touchant la Communion fous les deux efpeces. *Cologne* , 1683. *in* 12.

717 Theologie pofitive touchant la Grace & le libre Arbitre, par Juvernay. *Paris*, 1657. *in* 12.

718 Expofition de la Foy Catholique touchant la Grace & la Prédeftination. *Mons* , *in* 12.

719 Memoires fur la Grace, dictez en 1668. à S. Magloire par le P. Thomaffin. *Louvain* , 1668. 3. *vol. in* 12.

720 Relation du Pays de Janfenie , par Fontaines. *Paris* , 1660. *in* 8. *avec la carte.*

721 Memorial hiftorique touchant les cinq Propofitions. *Cologne*, 1676. *& autres pieces. in* 12.

722 Réponse de l'Evêque de Tournay à la Lettre d'un Theologien Flamand, touchant ses éclaircissemens sur la Pénitence. *Lille*, 1680. *in* 12.

723 Secrets du parti de M. Arnauld découverts. 1691. *Et autres pieces. in* 12.

724 Le Janseniste convaincu de sophistiquerie. *Amst.* 1683. *in* 12.

725 Traité de la Nature & de la Grace, par le P. Malebranche. *Rotterd.* 1684. *in* 12.

726 Reflexions sur le systeme de la Nature & de la Grace, (par Ant. Arnauld.) *Cologne*, 1685. *in* 12.

727 { Doutes sur le systeme physique des causes occasionnelles. *Cologne*, 1686.
Reflexions sur un chap. de Theophraste de la Superstition, par du Rondel. *Amsterdam*, 1686. *in* 12.

728 Abregé de l'Histoire de la Congregation *de Auxiliis*. *Francf.* 1687. *in* 12.

729 Le Correcteur corrigé au sujet de l'Hist. *de Auxiliis*. *Namur*, 1704. *in* 8.

730 Apologie historique des Censures de Louvain & de Doüay sur la Grace. *Cologne*, 1688. *in* 12.

731 Memorial touchant les disputes des Pays-Bas sur le Jansenisme. *Delft*, 1697. *& autres pieces. in* 12.

732 Difficultez proposées à M. Steyaert. *Cologne*, 1692. 4. *vol. in* 12.

733 Lettre pastorale de l'Archevêque de Roüen, touchant les difficultés proposées sur la lecture des Livres, &c. 1697. *& autres pieces. in* 12.

734 Le veritable esprit des disciples de S. Augustin. *Bruxel.* 1705. 3. *vol. in* 12.

735 Somme des Pechez, par Bauny. *Lyon*, 1645. *in* 8.

736 Theologia Moralis Escobardi. *Lugd.* 1659. *in* 8.

737 Réponse aux Lettres Provinciales. *Liege*, 1659. *in* 12.

738 Réponse à la Theologie Morale des Jesuites, par Caussin. *Paris*, 1644. *in* 8.

739 Defense des nouveaux Chrétiens & des Mission-naires de la Chine contre la Morale pratique des Je-suites, par le P. le Tellier. *Paris*, 1687. *in* 12.

740 Examen des 4. Actes des Jesuites des années 1610. 12. & 26. *Paris*, 1643. *in* 8.

741 Amadæi Guimenii (Matt. de Moya) opusculum Theologiæ Moralis. *Colon.* 1665. *in* 12.

742 Ægidii Gabrielis Specimina Moralis Christianæ & Moralis Diabolicæ in praxi. *Bruxel.* 1675. *in* 12.

743 Traité de la pratique des Billets entre les Négo-cians, par un Docteur en Theologie. *Mons*, 1684. *in* 12.

744 Traité du Negoce & de l'Usure, par Thomassin. *Paris*, 1697. *in* 8.

745 { Lettre sur l'Usure. *Mons*, 1698.
Poëme de l'Amitié, par l'Abbé de Villiers ; avec des éclaircissemens. *Amst.* 1692.
Avantures d'Aristonoüs, & quelques Dialogues, par M. de Fenelon Archevêque de Cambray. *in* 12.

746 Theologie Morale de Grenoble : 1. & 2. tomes. *Paris*, 1676. *in* 12.

747 Instruction tirée du Concile de Trente, par Jacq. Talon. *Paris*, *le Petit.* 1667. *in* 12.

748 Principes de la Vie chrétienne, par Bona, trad. par Cousin. *Paris*, 1675. *in* 12.

749 Essais de Morale : tomes 1. & 3. *Paris*, 1672. *&* 75. 2. *vol. in* 12.

750 Traité des Restitutions des Grands, (par Cl. Joly.) 1665. *in* 12.

751 De la Correction fraternelle. *Paris*, 1676. *in* 12.

752 Lettres d'un Theologien sur la Morale des Tho-mistes, &c. 1697. *in* 12.

753 De Imitatione Christi. *Colon.* 1634. *in* 24.

754 Jo. Gersen de Imitatione Christi libri 1v. elegiacè redditi à Thoma Messero. *Bruxel.* 1649. *in* 12. *maroq.*

755 Imitation de Jesus-Christ, traduite en vers par Desmarets. *Paris, le Petit,* 1654. *in* 12. *maroq.*

756 Perfection du Christianisme tirée de la Morale de Jesus-Christ, par le P. Rapin. *Paris,* 1673. *in* 12.

757 Humanità di Christo, di Pietro Aretino. 1537. *in* 8. *maroq.*

758 {
Vita di Maria Vergine, di Pietro Aretino. *Venet.* 1539.
Vita di Catherina Vergine, dal medesimo. *Venet.* 1541.
Genesi, del medesimo. *Venet.* 1541.
Salmi de la Penitentia, del medesimo. *Venet.* 1539. *in* 8. *maroq.*
}

759 Savonarolæ Triumphus Crucis. *Lugd. Batav.* 1633. *in* 12.

760 Idem de simplicitate Vitæ christianæ. *Ibidem,* 1638. *in* 12.

761 Ejusdem expositio Orationis Dominicæ. *Ibidem,* 1633. *in* 12.

762 Ejusdem meditationes in Psalmos, &c. *Ibidem,* 1633. *in* 12.

763 Drexelii Horologium tutelaris Angeli. *Colon.* 1631. *in* 24.

764 Guide du Ciel, trad. du latin du Cardinal Bona par du Suel. *Paris,* 1683. *in* 12.

765 Principes de la Vie chrétienne, du même, trad. par Cousin. *Paris,* 1676. *in* 12.

766 La Devotion aisée, par le P. le Moine. *Paris,* 1668. *in* 12.

767 Morale de Jonas, trad. par Mége. *Paris, Savreux,* 1661. *in* 12.

768 Disquisitio de Charitate necessaria ad obtinendam veniam in Sacr. Pœnitentiæ. *Embrica,* 1686. *in* 8.

769 Traité du discernement des Esprits, trad. du latin du Cardinal Bona. *Paris,* 1675. *in* 12.

770 Miroir de la Pieté chrétienne, par de Sainte-Foy (Gerberon.) *Liege,* 1677. *in* 12.

771 Miroir fans tache, par l'Abbé Valentin (le même : Gerberon.) *Paris*, 1680. *in* 12.

771 * Le Combat des deux Clefs, (par le même.) 1678. *in* 12.

772 L'état de l'Homme dans le peché originel. 1714. *in* 8.

773 L'état de l'Homme après le peché. *Amft.* 1684. *in* 12.

774 Idea Principis Chriftiano-politici , ex hifpanico Saavedræ latinè. *Amft.* 1659. *in* 12. *figur.*

775 Le Prince Chrétien & Politique, trad. de l'efpagnol de Saavedra par Roux. *Paris*, 1668. 2. *vol. in* 12. *figur. maroq.*

776 Le Monarque , par Senault. *Paris* , 1664. *in* 12.

777 Le Trefor caché découvert dans le champ du Seigneur, par Baat Benedictin Anglois, trad. par Doujat. *Paris*, 1669. 2. *vol. in* 12.

778 Converfations chrétiennes, par le P. Malebranche, *Bruxelles*, 1677. *in* 12.

779 Les mêmes. *Rotterdam*, 1685. *in* 12.

780 Méditations chrétiennes, par le même. *Cologne*, 1683. *in* 12.

781 Traité de Morale, du même. *Rotterdam*, 1684. 2. *vol. in* 12.

782 Sentimens d'un homme de bien fur la Religion, par l'Abbé de Bellegarde. *Paris*, 1704. *in* 8.

783 La Pieté affligée, ou difcours de la Poffeffion des Religieufes de Louviers, par le P. Efprit du Bofroger Capucin. *Amfterdam*, 1700. *in* 12.

784 De la vocation & de l'entrée à l'Etat Religieux. *in* 12.

785 Regles chrétiennes pour vivre faintement dans le Mariage. *Paris*, 1664. *in* 12.

786 Sermons du Carême, du P. de Lingendes. *Paris*, 1666. 2. *vol. in* 8.

787 Le Jour Evangelique. *Paris*, 1700. *in* 12.

788 Epitome Revelationum Cotteri, Drabicii & Po-
niatoviæ. 1663. *in* 8.

789 Thomas Anglus de medio Animarum ftatu. *Parif.*
1653. *in* 12.

790 Doctrine des Indulgences & du Jubilé, par M. Jo-
ly Evêque d'Agen. *Paris,* 1677. *in* 12.

791 Traditio de Fefto Affumptionis B. Mariæ vindicata,
per Jolium. *Parif.* 1672. *in* 12.

792 Traité des anciennes Ceremonies, par Porrée.
Quevilly, 1673. *in* 8.

793 Differtation de M. Arnauld, fur les Miracles de
l'ancienne Loy par le miniftere des Anges. *Cologne,*
1685. *in* 12.

794 Sanctarum Precationum pharus. *Parif.* 1663. *in* 12.
maroq.

795 Heures, par Defmarets. *Paris,* 1665. *in* 24.

796 Réponfe au livre intitulé : Office du S. Sacre-
ment. *Charenton,* 1665. *in* 8.

797 Défenfe des Verfions de l'Ecriture, &c. & en par-
ticulier dela nouvelle traduction duBreviaire. *Cologne,*
1688. *in* 12.

798 Differtation fur les Porches des Eglifes, par Thiers.
Orleans, 1679. *in* 12.

799 Hugonis de Palma Theologia Myftica. *Amftelod.*
1647. *in* 12.

800 Decret de l'Inquifition de Rome contre les Propo-
fitions de Molinos. 1687. *in* 8.

801 Recueil touchant le Quiétifme. *Amft.* 1688. *in* 12.

802 Trois Lettres touchant le Quiétifme. *Cologne,*
1688. *in* 12.

803 Recueil de Bulles concernant les Erreurs de ces
deux derniers fiecles. *Mons,* 1697. *in* 8.

804 Jugement d'un Proteftant touchant la Theologie
Myftique, (par Jurieu.) 1700. *in* 12.

805 La verité de la Religion Chrétienne, trad. de l'ita-
lien du Marquis de Pianeffe, par le P. Bouhours. *Pa-
ris,* 1691. *in* 12.

806 Traité de Religion contre les Athées, &c. *Paris,* 1677. *in* 12.

807 La Foy des derniers siecles, par Rapin. *Paris,* 1679. *in* 12.

808 Relation de l'accroissement de la Papauté & du Gouvernement absolu en Angleterre, trad. de l'anglois. *Hambourg,* 1680. *in* 12.

809 Politique du Clergé de France, (par Jurieu.) *La Haye,* 1681. 2. *vol. in* 12.

810 Histoire du triomphe des Chrétiens, & de la décadence des Turcs. *Paris,* 1684. *in* 12. *maroq.*

811 L'Impie convaincu, ou Dissertation contre Spinosa. *Amsterdam,* 1685. *in* 12.

812 Traitez & Lettres de Gombaud touchant la Religion. *Amsterdam,* 1669. *in* 12.

813 Avoisinement des Protestans, par M. le Camus Evêque de Belley; publié par Simon. *Paris,* 1703. *in* 12.

814 Contre la nouvelle Apparition de Luther & Calvin, sous les Reflexions faites sur l'Edit touchant la Reformation des Monasteres. 1669. *in* 12.

815 Réponse generale au livre de M. Claude, touchant la Perpetuité. *Paris,* 1671. *in* 12.

816 Défense de M. Vincent de Paul, contre les faussetez de sa Vie écrite par Abelly. 1672. *in* 12.

817 Considerations sur la nature de l'Eglise, par Larroque. *Quevilly,* 1673. *in* 12.

818 Défense du livre intitulé : Renversement de la Morale de Jesus-Christ par les Calvinistes ; par le Feron. *Paris,* 1679. *in* 12.

819 Replique à M. Arnauld contre son livre du Renversement de la Morale. *Lille,* 1685. *in* 12.

820 Apologie pour les Catholiques, (par M. Arnauld.) *Liege,* 1681. *& 82.* 2. *vol. in* 12.

821 Moyens pour la Conversion de tous les Heretiques. *Cologne,* 1681. 2. *tom. en* 1. *vol. in* 12.

822 Réponse à Maimbourg sur sa Methode pacifique. *Amsterdam,* 1681. *in* 12.

823 Examen de la Methode pacifique du P. Maimbourg. *Cologne*, 1683. *in* 12.

824 Confiderations fur les affaires de l'Eglife qui doivent être propofées dans l'Affemblée du Clergé. 1681. *in* 12.

825 { Actes de l'Affemblée du Clergé de 1682. touchant la Religion, retorquez contre ceux qui les ont faits. *Cologne*, 1683.
Réflexions fur les Actes du Clergé de 1685. *in* 12.

826 Actes de l'Affemblée du Clergé de 1682. & de celle de 685. concernant la Religion. *Paris*, 1685. *in* 12.

827 Réponfe à M^rs. du Clergé touchant les Actes de leur Affemblée de 1681. *in* 12.

828 Remarques fur les Actes de l'Affemblée du Clergé de France de 1682. (par Burnet.) *Londres*, 1683. *in* 12.

829 Remarques fur le livre intitulé : Confiderations fur les Lettres circulaires de l'Affemblée de 1682. *Paris*, 1683. *in* 12.

830 { Réponfe apologetique à M^rs. du Clergé fur les Actes de 1682. *Amſterdam*, 1683.
Réponfes de quatre Gentilshommes Proteſtans, avec des Entretiens fur les affaires des Réformez de France. *Cologne*.
Conferences fur la Religion. *Cologne*, 1683 *in* 12.

831 Examen des Methodes propofées par l'Affemblée du Clergé de 1682. *Cologne*, 1684. *in* 12.

832 Entretiens fur les Conferences que M^rs. du Clergé propofent aux Proteſtans. *Cologne*, 1685. *in* 12.

833 Conference avec M. Claude, par M. Boffuet. *Paris*, (*Holl.*) 1683. *in* 12.

834 Réponfe au livre de M. Boffuet, intitulé : Conference avec M. Claude. *Charenton*, 1683. *in* 8.

835 Préfervatif contre le changement de Religion, par Jurieu. *La Haye*, 1682. *in* 12.

836 Suite du Préservatif contre le changement de Religion, ou réponse à l'Exposition de la Foy de M. Bossuet, par de Brueys. *Amst.* 1682. *in* 12.

837 {
   Examen des raisons de separation des Protestans, par de Brueys. *La Haye*, 1683.
   Considerations sur le livre precedent. *Rotterdam*, 1684. *in* 12.
}

838 Examen du livre des Préjugez legitimes, par Pajon. *La Haye*, 1683. 3. *tom. en* 2. *vol. in* 12.

839 {
   Apologie pour les Reformez. *La Haye*, 1683.
   Considerations sur les Lettres circulaires de l'Assemblée de 1682. *La Haye*, 1683. *in* 12.
}

840 Avis aux Eglises Réformées de France. *Amsterdam*, 1683. *in* 12.

841 Défense de la Réformation, contre les Préjugez légitimes, &c. par M. Claude. *Amsterdam*, 1683. 2. *vol. in* 12.

842 {
   Avertissement aux Protestans des Provinces, &c. *Cologne*, 1684.
   Tableau des Persecutions des Reformez. *Ibidem*, 1684.
   Remarques sur l'Avertissement pastoral du Clergé, avec la relation du Consistoire d'Orleans, &c. par Pajon. *Amsterdam*, 1685. *in* 12.
}

843 Les Prétendus-Réformez convaincus de Schisme, (par Nicole.) *Paris*, 1684. *in* 12.

844 Le Protestant pacifique, contre Jurieu, par la Guitonniere (Aubert de Versé.) *Amsterdam*, 1684. *in* 12.

845 Entretiens de Philalethe & de Philerene sur les Propositions de l'Assemblée du Clergé de 1682. *Cologne*, 1684. 2. *vol. in* 12.

846 Le Proselyte abusé, ou fausses vûës de M. de Brueys, &c. *Rotterdam*, 1684. *in* 12.

847 Considerations sur l'Examen de la séparation des Protestans de M. de Brueys. *Rotterdam*, 1684. *in* 12.

848 Etat des Reformez en France. *La Haye*, 1685. 2. tom. *en* 1. *vol. in* 12.

849 Juſtification de la Morale des Réformez, par Ju- rieu. *La Haye*, 1685. 2. *vol. in* 8.

850 Défenſe du Culte exterieur de l'Egliſe Catholique, par de Brueys. *Paris*, 1686. *in* 12.

851 Le vrai Syſteme de l'Egliſe, par Jurieu. *Dordrecht*, 1686. *in* 8.

852 L'accompliſſement des Propheties, (par Jurieu.) *Rotterdam*, 1686. 3. *vol. in* 12.

853 Aphoriſmes de Controverſes, par Richard. *Colo- gne*, 1687. *in* 12.

854 Sentimens d'Eraſme conformes à ceux de l'Egliſe, par Richard. *Cologne*, 1688. *in* 12.

855 L'Egliſe de France affligée, par François Poitevin. *Cologne*, 1688. *in* 8.

856 Critique des Lettres Paſtorales de Jurieu. *Lyon*, 1689. *in* 12.

857 Défenſe de l'Egliſe Romaine contre les calomnies des Proteſtans. *Cologne*, 1691. *in* 12.

858 Traité de la Conſcience, par Baſnage : tome I. *Amſterdam*, 1686. *in* 12.

859 L'Eſprit de M. Arnauld, (par Jurieu.) *Deventer*, 1684. 2. *vol. in* 12.

860 Abſconditorum à mundi conſtitutioné Clavis, (auctore Guill. Poſtello.) *Amſt.* 1646. *in* 24.

861 Catecheſis Eccleſiarum Polonicarum, per Crel- lium. *Irenopoli*, 1659. *in* 8.

862 La Religion du Medecin, trad. du latin de Brown. 1668. *in* 12.

JURISPRUDENTIA,
in 8°. in 12. &c.

JUS CANONICUM, *in 8°. in 12. &c.*

863 LE promptuaire des Conciles, par le Maire. *Paris*, 1547. *in 16. maroq.*

864 Canones & Decreta Concilii Tridentini. *Antverp.* 1571. *in 24. maroq.*

865 Le Concile de Trente, trad. par Gentian Hervet. *Reims*, 1564. *in 8.*

866 Bureau du Concile de Trente, par Innocent Gentillet. 1586. *in 8.*

867 Revision du Concile de Trente. 1600. 2. *vol. in 8.*

868 Abregé de l'Histoire du Concile de Trente, par Jurieu. *Amsterdam*, 1683. 2. *vol. in 12.*

869 Instructions concernant le Concile de Trente. 1608. *in 8.*

870 Notes sur le Concile de Trente, (par Rafficod.) *Cologne*, 1706. *in 8.*

871 De Marca Differtationes posthumæ. 1669. *in 12.*

872 Réflexions sur l'Edit de la Réformation des Monasteres. 1667. *in 12.*

872 * Contre la nouvelle apparition de Luther & de Calvin, fous les réflexions faites fur l'Edit de la Réformation des Monasteres. 1669. *in 12.*

873 La conduite de l'Eglife pour la réception des Filles dans les Monasteres, par Godefroy. *Paris*, 1668. *in 12.*

874 Lettre d'un Abbé Régulier fur les humiliations & autres pratiques de Religion. *Paris*, 1677. *in 12.*

875 P. Pauli Veneti Hiftoria Inquifitionis, ex italico latinè per Colvium. *Rotterod.* 1661. *in* 12.

876 Hiftoire du Droit Canonique, par Doujat. *Paris,* 1675. *in* 12.

877 Hiftoire des Revenus Ecclefiaftiques, par Jerôme Acofta (Richard Simon.) *La Haye,* 1690. 2. *tom. en* 1. *vol. in* 12.

878 De l'Etat & Gouvernement de l'Eglife, par Simon Vigor. *Troyes,* 1621. *in* 8. *maroq.*

879 Défenfe pour la Hierarchie de l'Eglife, contre Vigor, par Bouju. *Paris,* 1620. *in* 8.

880 Recueil touchant les Cenfures de la Faculté de Theologie de Paris fur la Hierarchie, (par Boileau.) *Munfter,* 1666. *in* 12.

881 { Recueil d'Ordonnances & Cenfures d'Evêques. Relation de la Maladie de M. Caulet Evêque de Pamiers; & autres piéces. *in* 12.

882 L'Abbé Commendataire, par des Boisfranc (Fr. Delfau Bened.) *Cologne,* 1673. *&* 1674. 4. *vol. in* 12.

883 Réponfe à l'Abbé Commendataire. *Cologne,* 1673. *in* 12.

884 Défenfe des Abbez Commendataires. *La Haye,* 1685. *in* 12.

885 De Ecclefiaftica & Politica Poteftate, (auctore Richerio.) 1612. *& autres pieces. in* 8.

886 Idem Richerius de Ecclefiaftica & Politica poteftate. *Parif.* 1660. *in* 12.

887 Traité de la Puiffance Ecclefiaftique & Temporelle, (par du Pin.) 1707. *in* 8.

888 Pragmatica Sanctio. *Divione,* 1660. *in* 12.

889 Concordata inter Leonem X. & Francifcum I. cum notis & additionibus Rebuffi. *Parifiis,* 1555. *in* 8.

890 Moyens d'Abus contre la Bulle de Sixte V. contre le Roy de Navarre & le Prince de Condé. 1586. *in* 8.

891 Bouclier de la France , ou fentimens de Gerfon

touchant les differends des Rois de France avec les Papes ; & autres pieces. 1691. *in* 12.

892 Conformité des Eglises de France avec celles d'Asie dans leurs differends avec Rome, par Faydit. *in* 8.

893 Jus Belgarum circa Bullarum receptionem. *Leodii*, 1665. *in* 12.

894 Traité du Delit commun & Cas privilegié, par Milletot. *Dijon*, 1616. *in* 8.

895 Delle Materie Beneficiarie, da Paolo Sarpi ; con altre opere del medesimo. *Mirand.* 1676. *in* 12.

896 Traité des Benefices, trad. de l'italien de Paolo Sarpi par Amelot de la Houssaie. *Amsterdam*, 1685. *in* 12.

897 Histoire des Revenus Ecclesiastiques, par Jerôme à Costa (Richard Simon.) *Francfort*, 1684. *in* 12.

898 Traité de la Regale, imprimé par ordre de M. l'Evêque de Pamiers. *Cologne*, 1680. *in* 12.

899 Nouveau traité de la Regale, par Larroque. *Rotterdam*, 1685. *in* 12.

900 Lettre d'un Chanoine à un Evêque touchant la Regale. *in* 12.

901 {
Plaidoyer de la Marteliere pour l'Université contre les Jesuites. 1612.
Present royal du Roy d'Angleterre à son Fils, trad. de l'anglois. *Paris*, 1604.
La Penitence & la Confession de Petrarque, lat. fr. *in* 12.

902 Plaidoyer de Montholon pour les Jesuites. *Paris*, 1612. *in* 8. *maroq.*

903 Factum pour les Religieuses de Sainte Catherine de Provins contre les Cordeliers. 1668. *in* 12.

904 Réponse au Factum précedent. 1669. *in* 12.

905 Plaidoyer pour Jacques Baudry Cordelier, par Lordelot. *Paris*, 1681. *in* 12.

906 Factum de Thiers contre le Chapitre de Chartres. *in* 12.

$$907 \begin{cases} \text{Réponse à la Lettre du P. Mabillon touchant} \\ \quad \text{la Sainte Larme de Vendôme, par Thiers.} \\ \quad \textit{Cologne, } 1700. \\ \text{Traité de la Grace \& du Libre-Arbitre, de S.} \\ \quad \text{Bernard, trad. } \textit{in} \text{ 12.} \end{cases}$$

907 * Traité des Dispenses, selon les Libertez Gallicanes. *Cologne, in* 12.

JUS CIVILE, *in* 8°. *in* 12. *&c.*

908 Justiniani Institutiones. *Lugd. Gryph.* 1565. *in* 16.

909 Eædem. *Geneva, Crispin.* 1572. *in* 16. *maroq.*

910 Eædem. *Amst. Jansson.* 1647. *in* 24.

911 Eædem. *Parif.* 1542. *in* 16.

912 Eædem. *Amst. Blaeu,* 1641. *in* 24. *maroq.*

913 Paraphrase sur les Instituts. *Paris,* 1645. *in* 8.

914 Juris Civilis Romani initia & progressus. *Geneva, Crispin.* 1571. *in* 12. *maroq.*

915 Tractationes aliquot Juris selectæ. *Parif.* 1669. *in* 12.

916 Gothofredi Manuale Juris. *Geneva,* 1672. *in* 12.

917 Salmasius de Usuris. *Lugd. Batav.* 1638. *in* 8.

918 Idem de modo Usurarum. *Ibidem,* 1639. *in* 8.

$$919 \begin{cases} \text{Idem de Fœnore Trapezitico. } \textit{Ibidem, } 1640. \\ \text{Ejusdem Diatriba de Mutuo. } \textit{Ibid. in } 8. \end{cases}$$

920 Questions sur les élections d'Héritier, contractuelles & testamentaires; avec un traité des Fideicommis; par Wulson. *Paris,* 1669. *in* 12.

921 Tractatus duo de Donationibus, & inofficiosis Testamentis, auctore Car. Molinæo. *Parif.* 1577. *in* 8.

922 Theod. Beza de Repudiis & Divortiis. *Lugd. Batav.* 1651. *in* 12.

923 Sommaire du livre des Contrats, Usures, Rentes constituées, Interêts & Monnoyes, de du Moulin. *Paris,* 1556. *in* 8.

H

924 Traité des Contrats de Mariage. *Paris*, 1708. *in* 12.

925 Hift. du Droit François. *Paris*, 1674. *in* 12.

926 Edits & Ordonnances fur le fait de la Juftice, &c. *Paris*, 1562. *in* 8.

927 Recüeil d'Edits, &c. *Paris*, 1664. *in* 12.

928 Nouveau recüeil d'Edits, par Gaftier. *Paris*, 1666. *in* 12.

929 Ordonnance de 1669. fur les Eaux & Forêts. *Paris*, 1670. *in* 12.

930 { Ordonnance Criminelle de 1670. *Paris*, 1671.
{ Coutume de Paris. *Paris*, 1668. *in* 24. *maroq.*

931 Abregé des Edits & Déclarations de Loüis XIV. *Paris*, 1685. *in* 12.

932 Coutume de Paris, avec les notes de du Moulin, & les obfervations de Tournet, Joly & Labbé. *Paris*, 1660. *in* 12.

933 L'art de la Coutume de Paris, par Jamet. *Paris*, 1672. *in* 24.

934 Coutume de Paris, avec les notes de Cl. de Ferriere. *Paris*, 1680. *in* 18.

935 La même, avec les obfervations de Tournet. *Paris*, 1634. *in* 12. *maroq.*

936 Coutume de Bretagne. *Rennes*, 1651. *in* 32.

937 Inftitutes Coutumieres de Loifel. *Paris*, 1657. *in* 8.

938 Queftions de Coquille fur les Coutumes. *Paris*, 1644. *in* 8.

939 Effais de Jurifprudence, par de Tourreil. *Paris*, 1694. *in* 12.

940 Arrêt du Parlement de Tolofe, (concernant Martin Guerre,) avec les notes de Jean de Coras. *Paris*, 1565. *in* 8.

941 Plaidoyers de Marion. *Paris*, 1609. *in* 8.

942 Actions forenfes de d'Olive. *Paris*, 1621. *in* 8.

943 Plaidoyers de le Bret. *Paris*, 1604. *in* 8.

944 Decifions de le Bret. *Paris*, 1630. *in* 8.

945 Plaidoyers de Puymiffon. *Roüen*, 1627. *in* 8.

946 Conclusions d'Audience, de Pierre Fabry de Ro-
quayrols. *Paris* 1638. *in* 8.

947 Recueil des Défenses de M. Fouquet. *Leyde*, 1665.
15. *vol. in* 12.

948 Sommaire des Procès sur l'exécution des Edits de
Pacification, par Loride. *Paris*, 1661. *in* 8.

949 Discours de François de Launay Professeur du Droit
François. *Paris*, 1682. *in* 12.

950 Recüeil concernant la Jurisdiction des Consuls.
Paris, 1652. *in* 8.

951 Traité de la Chambre des Comptes, par de Beaune.
Paris, 1647. *in* 8.

952 Le Güidon des Finances, par Hardy. *Paris*, 1644.
in 8.

953 Memoire pour diminuer le nombre des Procès,
par l'Abbé de Saint-Pierre. *Paris*, 1725. *in* 12.

SCIENTIÆ ET ARTES,
in 8°. *in* 12. *&c.*

PHILOSOPHI, *in* 8°. *in* 12. *&c.*

954 Lettre contenant l'examen de la Philosophie de
Descartes. *Paris*, 1672. *in* 12.

955 Problemes sceptiques, par de la Mothe-le-Vayer.
Paris, 1666. *in* 12.

956 Pomponatius de immortalitate Animæ. 1534. *in* 12.

957 Cardanus de immortalitate Animorum. *Lugd.*
Gryph. 1545. *in* 8. *maroq.*

958 Fienus de viribus Imaginationis. *Lond.* 1657. *in* 12.

959 Examen des Préjugez vulgaires. *Paris*, 1704. *in* 12.

960 Logique de Nicole : 2. édit. *Paris*, *Savreux*, 1664.
in 12.

961 Elemens philofophiques, ou fondemens de la Politique, trad. du latin d'Hobbes par Sorbiere. *Amſt.* 1649. *in 8.*

962 Recherche de la Verité, par le Pere Malebranche. *Paris*, 1674. 4. *vol. in* 12.

963 La même. *Amſt.* 1688. 2. *vol. in* 12. *maroq.*

964 Des vrayes & fauſſes Idées, par Arnauld. *Cologne*, 1683. *in* 12.

965 Réponfe à M. Arnauld fur fon livre des vrayes & fauſſes Idées, par Malebranche. *Rotterdam*, 1684. *in* 12.

966 Trois Lettres du P. Malebranche contre le livre des vrayes & fauſſes Idées de M. Arnauld. *Rotterdam*, 1685. *in* 12.

967 De l'Ame des Bêtes. *Lyon*, 1676. *in* 12.

968 Abregé de la Philofophie de Gaſſendi, par Bernier. *Lyon*, 1678. 8. *tom. en* 7. *vol. in* 12. *maroq.*

969 Admiranda methodus novæ Philofophiæ Cartefianæ. *Ultraj.* 1643. *in* 12. *maroq.*

970 Le Monde de Defcartes. *Paris*, 1664. *in* 8.

971 Les Paſſions de l'Ame, du même. *Roüen*, 1651. *in* 8.

972 Les mêmes. *Paris*, 1679. *in* 12.

973 Difcours fur les caufes du débordement du Nil, par de la Chambre. *Paris*, 1665. *in* 12.

MORALES, *in 8°. in* 12. *&c.*

974 Epicteti Enchiridion, & Cebetis Tabula, gr. lat. *Lugd. Batav.* 1634. *in* 32. *maroq.*

975 Senecæ opera. *Lugd. Batav. Elzev.* 1640. 3. *vol. in* 12. *maroq.*

976 Eadem, cum notis Variorum. *Amſtelod.* 1672. 3. *vol. in* 8.

977 Seneque, trad. par de Malherbe & du Ryer. *Paris*, 1663. 14. *vol. in* 12.

978 Epîtres du même , trad. par Pintrel. *Paris , 1681.*
  2. *vol. in 12.*

979 Pensées de Marc-Antonin, trad. *Amst. 1659. in 12.*

980 Boëtius de consolatione Philosophiæ. *Amst. 1631.*
  in 32. maroq.

981 La Consolation de Boëce , trad. par Regnier. *Pa-*
  ris , 1676. in 12.

982 Ficinus de triplici Vita. *Editio vetus, in 8.*

983 〈 Sentimens du Monde & de l'Eternité. *Paris, 1677.*
  〉Réflexions morales, par Marcassus. *Paris, 1662.*
  〈   *in 12.*

984 Puffendorfius de officio Hominis & Civis juxta le-
  gem naturalem. *Rudolstadii, 1678. in 12.*

985 La Sagesse de Charron. *Bourdeaux , Millanges,*
  1601. in 8. maroq.

986 La même. *Elzev. 1662. in 12. maroq.*

987 Les trois Veritez , par le même. *Bourdeaux , Mil-*
  langes , 1595. in 8.

987 * Les mêmes. *Paris , 1595. in 12.*

    〈 Les Caracteres des sept Sages , par Gueret. *Paris,*
    〈   1662.
988 〈 Codicille d'or d'Erasme, trad. par Joly. 1665.
    〈   *in 12. maroq.*

989 Lipsius de Constantia. *Amst. 1631. in 32. maroq.*

990 Tableau des Passions, par Coëffeteau. *Paris , 1648.*
  in 8.

991 L'usage des Passions , par Senault. *Paris , le Petit ,*
  1664. in 12.

992 Caracteres des Passions, par de la Chambre. *Amst.*
  1658. 5. tom. en 4. vol. in 12. maroq.

993 L'art de connoître les Hommes , par le même.
  Amst. 1660. in 12. maroq.

994 Caracteres de l'Homme sans Passions. *Paris , 1663.*
  in 12. maroq.

995 L'Homme détrompé , ou le Criticon de Baltazar
  Gracian, trad. *La Haye , 1709, 3. vol. in 12.*

996 La regle des Mœurs. *Cologne , 1692. in 12.*

997 Réflexions morales , (de M. le Duc de la Roche-
foucault.) *Paris ,* 1665. *in* 12.

998 La Morale du Sage , (par M*e*. de Rohan Abbeſſe
de Malnouë.) *Paris ,* 1667. *in* 12.

999 L'art de ſe connoître ſoi-même , (par Abbadie.)
Lyon , 1693. *in* 12.

1001 Les Peintures morales , par le P. le Moyne. *Paris*
1669. 4. *vol. in* 12. *figur.*

1002 Les Fleurs morales. *Paris ,* 1669. *in* 12. *maroq.*

1003 Philoſophie de Leſclache. 7. *vol. in* 12.

1004 De l'Education d'un Prince , (par Nicole.) *Paris ,*
1670. *in* 12.

1005 L'Education du jeune Hippolyte , par Girault.
Paris , 1684. *in* 12.

1006 Memoires de M. le Prince de Conty pour la con-
duite de ſa Maiſon. *Paris ,* 1669. *in* 12.

1007 Diſcours du C. de Buſſy-Rabutin à ſes enfans, ſur le
bon uſage des adverſitez , & les divers évenemens
de ſa vie. *Paris ,* 1694. *in* 12.

1008 I Furori della Gioventù, da Manzini. *Venet.* 1653.
2. *vol. in* 12.

1009 De l'Education de la Jeuneſſe. *La Haye ,* 1695. *in*
12.

1010 De l'Education des Filles, par M. de Fenelon.
Amſt. 1697. *in* 12.

1011 De l'Education des Dames , par Poulain. *Paris ,*
1674. *in* 12.

1012 L'honnête Femme , par du Boſc. *Paris ,* 1665.
in 12.

1013 Miroir de l'Univers. 1659. *in* 12.

1014 Le phantôme du Sage. *in* 12.

1015 Entretiens d'un Homme de Cour & d'un Solitai-
re ſur la conduite des Grands. *La Haye ,* 1716. *in*
12.

1016 Entretiens du Philoſophe Saturnin & d'Eliſe avec
un Solitaire. *Paris ,* 1696. *in* 12.

1017 L'harmonie du Monde. *Paris ,* 1671. *in* 12.

1018 Differtation fur le bonheur des plaifirs des Sens,
(par Arnauld.) *Cologne*, 1687. *in* 12.

1019 Entretiens de Morale, par Mlle. de Scudery. *Paris,*
1688. *& 92. 3. vol. in* 12.

1020 Traité de la Jaloufie, ou moyens d'entretenir la
paix dans le Mariage, (par Courtin.) *Paris, (Holl.)*
1677. *in* 12.

1021 { Le même. *Amft.* 1696.
Vie d'Adam, trad. de l'italien de Loredano. *Amft.*
1696.
Abregé de la vie de M. Claude. *Amft.* 1687.
in 12.

1022 Gl'inganni dell'ozio, poëfie di Virginia Bazani
Cavazzoni. *Venezia,* 1701. *in* 12.

1023 Il piacevoliffimo Fuggilozio, di Tomafo Cofto.
Venet. 1663. *in* 12.

1024 Traité de la Pareffe, ou l'art de bien employer le
tems, (par Courtin.) *Paris*, 1673. *in* 12.

1025 Réflexions fur les Défauts d'autrui, (par l'Abbé
de Villiers.) *Paris,* 1693. *2. vol. in* 12.

1027 Réflexions fur les Mœurs de nôtre fiecle. *Cologne,*
1711. *in* 12.

1028 Confolation de la Theologie, par de Ceriziers.
Paris, 1647. *in* 12.

1029 Tableau de la Fortune, par Chevreau. *Paris,* 1664.
in 12.

1030 Le Speétateur, ou le Socrate moderne, trad. de
l'anglois. *Amft.* 1716. *4. vol. in* 12.

POLITICI, *in* 8°. *in* 12. *&c.*

1031 Lipfii Politica. *Arnhemii,* 1647. *in* 12.

1032 Difcours politiques & militaires. par de la Noué.
Paris, 1612. *in* 8.

1033 Schonborneri Politica. *Elzev.* 1642. *in* 12.

1034 Arnifæi Doétrina Politica. *Elzev.* 1643. *in* 12.

1035 Inftitutio Politica Wendelini. *Amft.* 1654. *in* 12.

1036 Crefcentii artes regendi Refpublicas. *Gedani,* 1685. *in* 12.

1037 Le Corps politique, ou les élemens de la Loy morale & civile, trad. de l'anglois d'Hobbes. 1652. *in* 12.

1038 Th. Mori Utopia. *Colon. Agrip.* 1629. *in* 24. *maroq.*

1039 L'Utopie de Morus, trad. par Sorbiere. *Amft.* 1643. *in* 12.

1040 La même, trad. par Gueudeville. *Leyde*, 1715. *in* 12. *figur.*

1041 Firmiani (Zachariæ Lexovienfis) fæculi Genius. *Parif.* 1653. *in* 12.

1042 Ejufdem Gyges Gallus. *Ibid.* 1657. *in* 12.

1043 Ejufdem Somnia Sapientis. *Ibid.* 1657. *in* 12.

1044 Le Songe du Sage, trad. du latin de Zacharie de Lizieux par Ant. de Paris Capucin. *Paris*, 1664. *in* 12.

1045 { Difcours de l'état de Paix & de Guerre, trad. de l'italien de Macchiavel. *Roüen*, 1578. Le Prince, du même, trad. de l'italien. *Ibid.* *in* 16.

1046 Le Prince de Machiavel, trad. avec des notes par Amelot de la Houffaie. *Amft.* 1683. *in* 12.

1047 Confiderations fur les coups d'Etat, par Naudé. 1667. *in* 12.

1048 Du Pouvoir abfolu des Souverains. *Cologne*, 1685. *in* 12.

1049 Difcours politiques des Rois, par de Scudery. *Paris*, 1663. *in* 12.

1050 De la Puiffance légitime du Prince fur le Peuple, & du Peuple fur le Prince, trad. du latin de Junius Brutus. 1581. *in* 8.

1051 Mariana de Rege & Regis inftitutione, cum ejufdem libro de Ponderibus & Menfuris. *Francof.* 1611. *in* 8.

1052 Traité politique, trad. de l'anglois de William Allen; pour proûver que tuer un Tyran n'eſt pas un meurtre. *Lyon*, 1658. *in 12.*

1053 La conduite des Roys, par le Sage Pilpay Indien; trad. par Sahid. *Paris*, 1644. *in 8.*

1054 {
La véritable Etude des Souverains, par Bourſault. *Paris*, 1671.
Mélange de divers Problêmes. *Paris*, 1647. *in 12.*
}

1055 Le Prince, de Balzac. *Paris*, 1660. *in 12.*

1056 Ariſtippe, ou de la Cour, par Balzac. *Leyde*, Elzevir, 1658. *in 12.*

1057 Le Socrate chrétien, du même. *Amſterd.* 1662. *in 12.*

1058 L'idée parfaite du veritable Heros, par J. B. de la Faille. *Amſt.* 1700. *in 12.*

1059 Traité de la Cour, ou inſtruction des Courtiſans, par M. du Refuge. *Elzevir*, 1656. *in 12.*

1060 Aulicus inculpatus, ex gallico anonymi latinè per Paſtorium. *Elzevir*, 1649. *in 12.*

1061 {
La Fortune des Gens de Qualité, par de Cailliere. *Paris*, (*Holl.*) 1663.
Hiſtoire des Amours d'Henri IV. & autres piéces. *in 12.*
}

1062 Le Cabinet des Princes. *Bruxel.* 1676. *in 12.*

1063 Continuation du Cabinet des Grands, par Pontier. *Paris*, 1690. *in 12.*

1064 Le Miniſtre d'Etat, par Silhon. *Amſterd.* 1661. 3. *vol. in 12.*

1065 {
Entretien du ſage Miniſtre d'Etat ſur l'égalité de ſa conduite en faveur & en diſgrace. *Leyde*, Elzevir, 1645.
Maiſon de Prince reglée, par de Cambry. *Bruxelles*, 1652. *in 12.*
}

1066 Le Conſeiller d'Etat. *Paris*, (*Holl.*) 1645. *in 12.*

1067 Memoires touchant les Ambaſſadeurs, par de Wicquefort. *La Haye*, 1677. *in 12. maroq.*

I

1068 Réflexions fur les Memoires pour les Ambaſſa-
deurs. *Villefr.* 1677. *in* 12.

1069 Reflexions, Sentences & Maximes royales &
politiques, trad. de l'eſpagnol par d'Obeilh. *Amſt.*
1671. *in* 12.

1070 Traité politique du choix des Ambaſſadeurs, de
l'utilité des Ligues, & du rétabliſſement des Ordres
Militaires en Eſpagne; par de Galardi. *Cologne,*
1666. *in* 12.

1071 Le Miroir Politique, par de la Perriere. *Paris,*
1567. *in* 8.

1073 Maximes politiques miſes en vers par l'Abbé Eſ-
prit. *Paris,* 1669. *in* 12. *maroq.*

1074 Le Politique déſintereſſé fur les affaires de l'Euro-
pe. *Cologne,* 1671. *in* 12.

1075 Le ſecret des Cours, de Walſingham, avec les notes
de Nanton; trad. de l'anglois. *Cologne,* 1695. *in*
12.

1076 Teſtament politique de M. de Louvois. *Cologne,*
1695. *in* 12.

1077 Teſtament de la Hoguette. *Paris, Vitré,* 1651.
in 8.

1078 Memoires fur l'origine des Guerres, par Linage de
Vauciennes. *Cologne,* 1678. *in* 12.

1079 Interêts & maximes des Princes, (par le Duc de
Rohan.) *Cologne,* 1666. *in* 12.

1080 Le vrai interêt des Princes Chrétiens. *Strasbourg,*
1686. *in* 12.

HISTORIA NATURALIS, *in* 8°.
in 12. *&c.*

1081 Plinii Hiſtoria naturalis. *Elzev.* 1635. 3. *vol. in* 12.

1082 Eſſais des merveilles de nature, & des plus nobles
artifices, par René François. *Lyon,* 1642. *in* 8.

1083 Les mêmes. *Paris,* 1657. *in* 8.

1084 Recueil de curiofitez de la Nature & de l'Art, par d'Hemery. *Paris*, 1676. *in* 12.

1085 Jonftoni Taumatographia naturalis. *Amft.* 1665. *in* 12.

1086 Anatomie des Plantes, trad. de l'anglois de Grew par le Vaffeur. *Paris*, 1675. *in* 12.

1087 Hiftoire du Tabac, par de Prade. *Paris*, 1677. *in* 12.

1088 Ælianus de Animalibus, gr. lat. *Geneva*, 1616. *in* 16.

1089 Ejufdem variæ Hiftoriæ, gr. lat. *Lugd.* 1609. *in* 16.

1090 Havæi exercitationes de generatione Animalium. *Amft.* 1651. *in* 12.

1091 Goëdartii Metamorphofis naturalis, & Hiftoria naturalis Infectorum. *Mediol.* 3. *tom. in* 2. *vol. in* 8. *figur.*

MEDICINA, *in* 8°. *in* 12. *&c.*

1092 Hippocratis Aphorifmi, gr. lat. *Elzevir.* 1628. *in* 32. *maroq.*

1093 Oeuvres d'Hippocrate, trad. par Dacier. *Paris*, 1697. 2. *vol. in* 12.

1094 { Jo. Wieri Medici Obfervationes. *Amftelodami*, 1657. { Pugna Porcorum, per Porcium. 1648. *in* 12.

1095 L'Ecole de Salerne, traduite & commentée par le Long. *Paris*, 1649. *in* 8.

1096 Primerofius de Vulgi erroribus in Medicina. *Rotterod.* 1668. *in* 12.

1097 Nic. Tulpii Obfervationes medicæ. *Amft.* 1641. *in* 8.

1098 Les Medecins à la Cenfure, par G. de Bezançon. *Paris*, 1677. *in* 12.

1099 Dialogues de la Santé. *Paris*, 1683. *in* 12.

1100 Maniere de nourrir les Enfans à la mamelle, Poëme latin de Scevole de Sainte-Marthe; trad. par Abel de Sainte-Marthe. *Paris*, 1698. *in 8.*

1101 Nouvelles experiences sur la Vipere, par Charas. *Paris*, 1672. *in 8.*

1102 Nouveaux Secrets de Digby, pour conserver la beauté & la santé; avec son discours de la Poudre de Sympathie. *La Haye*, 1702. 2. *tom. en* 1. *vol. in* 8.

1103 Thomæ Willis Anatome Cerebri. *Amst.* 1664. *in* 12. *figur.*

1104 Thomæ Bartholini Historiæ Anatomicæ. *Hagæ Comit. in* 8. *figur.*

1105 Armamentarium Chirurgicum Schulteti. *Hagæ Comit.* 1657. *in* 8. *figur.*

1106 Pinæus de notis Virginitatis, &c. *Lugd. Batav.* 1641. *in* 12.

1107 Cours de Chimie, par Lemery. *Paris*, 1679. *in* 8.

MATHEMATICA, *in 8º. in* 12. *&c.*

1108 L'usage du Compas de Proportion, par Henrion; augmenté par des Hayes. *Paris*, 1681. *in* 8.

1109 Table des Sinus, par Ozanam. *Paris*, 1685. *in* 8.

1110 De la pluralité des Mondes, (par M. de Fontenelle.) *Paris*, 1694. *in* 12.

1111 Systême du Monde selon les trois hypotheses, par Gadroys. *Paris*, 1675. *in* 12.

1112 Pensées diverses sur la Comete de 1680. (par Bayle.) *Rotterdam*, 1683. 2. *vol. in* 12.

1113 Psellus de operatione Dæmonum, gr. lat. cum notis Gaulmini. *Paris.* 1615. *in* 8.

1114 Propheties de Nostradamus. *Amsterdam*, 1668. *in* 12.

1115 La concordance des Propheties de Nostradamus avec l'Histoire, par Guynaud. *Paris*, 1693. *in* 12.

1116 Bref difcours fur la Magie. *Zurich*, 1581. *in 8.*

1117 Agrippæ opera. *Lugd. apud Beringos.* 2. *vol. in 8.*

1118 De l'impofture & tromperie des Diables, des Enchantemens & Sorcelleries, trad. du latin de Wier par Grevin. *Paris*, 1567. *in 8.*

1119 Traité de l'apparition des Efprits, par Taillepied. *Roüen*, 1588. *in 12.*

1120 Le même. *Paris*, 1616. *in 12.*

1121 Difcours des Sorciers, avec les Avis en fait de Sorcellerie, & une Inftruction pour un Juge en femblable matiere ; par Boguet. *Lyon*, 1608. *in 8.*

1122 Hiftoire admirable d'une Penitente féduite par un Magicien de Provence (Loüis Gaufridy ;) avec l'Arrêt rendu contre lui, & un difcours des Efprits; par Seb. Michaëlis. *Paris*, 1613. *in 8.*

1123 Hiftoire de Jean Faufte grand Enchanteur. *Roüen*, 1667. *in 12.*

1124 Curiofitez inoüies de Gaffarel. 1637. *in 8.*

1125 Des Talifmans, contre Gaffarel, par de l'Ifle. *Paris*, 1636. *in 8.*

1126 Le Comte de Gabalis. *Paris*, 1670. *in 12. maroq.*

1127 Le même. *Cologne, Marteau, in 12.*

1128 Apologie des Grands Hommes accufez de Magie, par Naudé. *La Haye*, 1653. *in 8.*

1129 La même. *Paris*, 1669. 2. *vol. in 12.*

1130 Defcription de divers ouvrages de Peinture faits pour le Roi, par Felibien. *Paris*, 1671. *in 12.*

1131 L'Art de Peinture, Poëme latin de du Frefnoy, avec la traduction françoife, des remarques, & un Dialogue fur le Coloris ; par de Piles. *Paris*, 1673. *in 12.*

1132 Sentimens fur la Peinture, par Boffe. *Paris*, 1649. *in 12.*

1133 Traité des Danfes. *Paris, Fr. Eftienne*, 1579. *in 8.*

1134 Jani Ulitii Venatio nova & antiqua. *Elzevir*, 1645. *in 12.*

HUMANIORES LITTERÆ,
in 8⁹. *in* 12. *&c.*

GRAMMATICI ET RHETORICI,
in 8°. *in* 12. *&c.*

1135 NOnius Marcellus de proprietate Sermonum. *Antverp. Plantin*, 1565. *in* 8. *maroq.*

1136 Ravifii Textoris ¦Officina. *Lugd. Gryph.* 1593. *in* 8.

1138 Aphtonii Progymnafmata, latinè. *Amft. Elzev.* 1642. *in* 12.

1139 Obfervations de Menage fur la langue Françoife. *Paris*, 1672. *in* 12.

1140 Doutes fur la langue Françoife, par Bouhours. *Paris*, 1674. *in* 12.

1141 Remarques fur la langue Françoife, par le même. *Paris*, 1676. *in* 12.

1142 Deux Factums pour Furetiere. *Amfterdam*, 1686. *in* 12.

1143 Recueil des Factums pour Furetiere ; & autres pieces. *Amfterdam*, 1714. 2. *vol. in* 12.

1144 La Rhetorique Françoife, par Bary. *Paris*, 1659. *in* 12.

1145 Harangues de Manzini, trad. *Paris*, 1670. *in* 12.

1146 L'Art de parler, par Bernard Lamy. *Paris*, 1675. *in* 12.

1147 Reflexions fur l'ufage de l'Eloquence de ce tems, (par Rapin.) *Paris*, 1671. *in* 12.

1148 Reflexions fur l'Eloquence des Prédicateurs, (par Arnauld.) *Paris*, 1695. *in* 12.

1149 L'Academie de l'ancienne & nouvelle Eloquence, ou Harangues tirées des Hiftoriens grecs & latins. *Lyon*, 1666. 3. *vol. in* 12.

1150 Le fublime des Auteurs. *Paris*, 1705. *in* 12.

1151 Ciceronis opera. *Venet. Aldus*, 1540. 8. *vol. in* 8.

1152 Ciceronis opera. *Elzev.* 1642. 10. *vol. in* 12. *maroq.*

1153 Ciceronis Epiftolæ ad Famil. cum notis Variorum. *Amft.* 1677. 2. *vol. in* 8.

1154 Oeuvres de Ciceron, trad. par du Ryer. *Paris*, 1670. 12. *vol. in* 12.

1155 Dialogue de Ciceron intitulé, Brutus, trad. par Giry. *Paris*, 1652. *in* 12.

1156 La Rhetorique de Ciceron, trad. par Chaffagnes. *Paris*, 1673. *in* 12.

1157 Lettres familieres de Ciceron lat. fr. trad. par Godoüin. *Paris*, 1663. 2. *vol. in* 8.

1158 {Ciceronis Hiftoria per Confules defcripta, per Fr. Fabricium. *Colonia*, 1569.
Ciceronis Filii Hiftoria, per Vallambertum. *Parif. Colin.* 1545. *in* 8.

1159 Conciones & Orationes, ex Hiftoricis latinis excerptæ. *Parif.* 1653. *in* 12.

1160 Mureti & Sigonii Orationes. *Lugd.* 1612. *in* 16.

POETÆ, *in* 8°. *in* 12. *&c.*

1161 Méthode d'étudier les Poëtes, par le P. Thomaffin. *Paris*, 1681. *premiere partie*, *in* 8.

1162 L'Art Poëtique, de Colletet. *Paris*, 1658. *in* 12. *maroq.*

1163 Traité du Poëme Epiqué, par le Boffu. *Paris*, 1675. *in* 12.

1164 Pratique du Theatre, par d'Aubignac. *Amst.* 1715. 3. *tom. en* 2. *vol. in* 8.

1165 Hesiodi Opuscula, gr. lat. *Basil.* 1539. *in* 8.

1166 Hesiodus, gr. lat. *Lugd. Bat.* 1658. *in* 8.

(Sophocles, gr. *Paris. Colinæus.*

1168 >Idem latinè per Ratallerum. *Antverp.* 1584. (*in* 8.

1169 Euripides, gr. lat. Porti & Canteri. *Heidelbergæ,* *Commelin,* 1597. 2. *vol. in* 8.

1170 Comicorum Græcorum Sententiæ, gr. lat. *Henr. Steph.* 1569. *in* 24. *maroq.*

1171 Plautus. *Lugd. Gryph.* 1549. 2. *vol. in* 16.

1172 Plautus, Variorum. *Lugd. Batav.* 1645. *in* 8. *maroq.*

1173 Terentius. *Elzevir.* 1635. *in* 12.

1174 Terentius, Variorum. *Lugd. Batav.* 1662. *in* 8.

1175 Terence, lat. fr. *Paris,* 1673. *in* 12.

1176 Lucretius. *Lugd. Gryph.* 1546. *in* 16.

1177 Lucrece, lat. fr. trad. par le Baron des Coutures. *Paris,* 1708. 2. *vol. in* 12.

1178 Catullus, Tibullus, Propertius. *Elzev.* 1651. *in* 24.

1179 Catullus, Tibullus, Propertius, Variorum. *Trajecti,* 1659. *in* 8.

1180 Virgilius. *Rob. Steph.* 1549. *in* 16. *maroq.*

1181 Virgilius. *Elzevir.* 1636. *in* 12. *maroq.*

1182 Virgilius, Variorum. *Lugd. Batav.* 1661. *in* 8.

1183 Virgilius. *Sedani,* 1625. *in* 32.

1184 Villanovæ supplementum ad Æneïda. *Paris.* 1698. *in* 12.

1185 L'Eneïde de Virgile, trad. en vers par Perrin. *Paris,* 1664. 2. *vol. in* 12. *fig.*

1186 L'Eneïde di Virgilio, del Commendatore Annibal Caro. *Roma,* 1608. *in* 24. *maroq.*

1187 L'Eneïde traveftita, da Batt. Lalli. *Venetia,* 1636. *in* 12.

1188 Remarques fur Virgile & fur Homere, (par Faydit.) *Paris*, 1705. *in* 12.

1189 Nouvelles Remarques fur Virgile & fur Homere, (par le même.) 1710. *in* 12.

1190 Horatius. *Antverp. Plantin*, 1566. *in* 16. *maroq.*

1191 Horatius. *Sedani*, 1627. *in* 32. *maroq.*

1192 Horatius. *Henr. Steph. in* 8. *maroq.*

1193 Horatius, Jo. Bond. *Amft.* 1643. *in* 12.

1194 Horatius, Variorum. *Lugd. Batav.* 1658. *in* 8.

1195 Horace, lat. fr. de Martignac. *Paris*, 1678. 2. *vol. in* 12.

1196 Ovidius. *Parif. Colin.* 1541. 3. *vol. in* 16. *maroq.*

1197 Ovidius. *Elzev.* 1629. 3. *vol. in* 12. *maroq.*

1198 Ovidius, Variorum. *Lugd. Batav.* 1661. 3. *vol. in* 8.

1199 Ovidius. *Amft. Janffon.* 1662. 3. *vol. in* 24.

1200 Epîtres & Elegies d'Ovide, trad. en vers (par Barrin.) *Roüen*, 1685. *in* 12.

1201 Les Epîtres d'Ovide, trad. avec des comment. par de Meziriac. *La Haye*, 1716. 2. *vol. in* 8.

1202 Les Amours d'Ovide, trad. par Bellefleur. *Paris*, 1633. *in* 8.

1203 Metamorphofes d'Ovide en Rondeaux, par de Benfferade. *Jouxte la copie de Paris, Imprimerie Royale*, 1677. *in* 12.

1204 Senecæ Tragœdiæ. *Parif. de Marnef*, 1560. *in* 16. *maroq.*

1205 Senecæ Tragœdiæ. *Lugd. Gryph.* 1536. *in* 8.

1206 Eædem, cum notis Farnabii. *Amft.* 1632. *in* 12.

1207 Eædem, cum notis Variorum. *Amftelodami*, 1661. *in* 8.

1208 Lucani Pharfalia. *Elzev.* 1651. *in* 24. *maroq.*

1209 Lucanus, Farnabii. *Amft.* 1643. *in* 12.

1209* Lucanus, Variorum. *Lugd. Batav.* 1658. *in* 8.

1210 La Pharfale de Lucain, trad. en vers par de Brebeuf. *Paris*, 1666. *in* 12. *figur.*

1211 Statius. *Amft. Janffon*, 1624. *in* 24. *maroq.*

K

1212 Martialis. *Elzev.* 1650. *in* 24. *maroq.*

1213 Martialis, Farnabii. *Amst.* 1645. *in* 12.

1214 Idem , Variorum. *Lugd. Batav.* 1656. *in* 8.

1215 Juvenalis & Persius. *Elzev.* 1651. *in* 24.

1216 Juvenalis & Persius. *Rob. Steph.* 1544. *in* 8. *maroq.*

1217 Juvenalis & Persius , Farnabii. *Amst.* 1650. *in* 12.

1218 Iidem , Variorum. *Lugd. Batav.* 1664. *in* 8.

1219 Juvenal & Perse , trad. par de la Valterie. *Paris,* 1681. 2. *vol. in* 12. *maroq.*

1220 Juvenal & Perse , trad. par de Marolles. *Paris,* 1658. *in* 8.

1221 Claudianus. *Elzevir.* 1650. *in* 24.

1222 Claudianus , Variorum. *Amst.* 1665. *in* 8.

1223 Silius Italicus. *Parif. Colin.* 1531. *in* 8. *maroq.*

1224 Ausonius. *Lugd. Gryph.* 1575. *in* 16. *maroq.*

1225 Ausonius. *Amst. Janffon,* 1629. *in* 24.

1226 Prudentius. *Amst. Janffon,* 1625. *in* 24. *maroq.*

1227 Prudentius. *Colon.* 1594. *in* 8.

1228 Acutè Dicta Poëtarum Latinorum , per Brietium collecta. *Parif.* 1664. *in* 12.

1229 Delitiæ Poëtarum Scotorum. *Amstelod.* 1637. 2. *vol. in* 12.

1230 Julii Cæsaris Scaligeri Poëmata. 1574. 2. *vol. in* 8.

1231 Jo. Secundi opera. *Lugd. Batav.* 1651. *in* 12.

1232 Merlini Cocaii (Theoph. Folengii) Macaronicorum Poëmata. *Venet.* 1561. *in* 12. *maroq.*

1233 Theodori Bezæ Poëmata. *in* 8.

1234 Buchanani Poëmata. *Elzevir.* 1628. *in* 24.

1235 Marcelli Palingenii Zodiacus vitæ. *Lugd. Tornæsius,* 1576. *in* 16.

1236 Jo. Bonefonii Pancharis. *Lugd.* 1618. *in* 24.

1237 Ejusdem Bonefonii Bafia. *Lugd. Batavorum,* 1659. *in* 12.

1238 Laurentii le Brun Ecclesiastes paraphrasi poëtica explicatus. *Parif.* 1653. *in* 12.

Baudii Poëmata. *Lugd. Batav.* 1616.

1239 Lælii Capilupi Cento de vita Monachorum, & Gallus. *Venet.* 1550. *in* 8.

1240 Baudii Amores. *Amst. Elzevir.* 1638. *in* 12.

1241 Owen Epigrammata. *Amst. Jansson*, 1650. *in* 24.

1242 Les Epigrammes d'Owen, trad. en vers par M. le Brun. *Paris*, 1709. *in* 12.

1243 Casimiri Sarbievii Poëmata. *Parif.* 1647. *in* 12.

1244 Grotii Poëmata. *Lugd. Batav.* 1645. *in* 12.

1245 Nic. Heinsii Poëmata. *Elzev.* 1666. *in* 8.

1246 Menagii Poëmata. *Parif.* 1656. *in* 8. *maroq.*

1247 Petavii Carmina de B. Virgine. *Parif.* 1700. *in* 12.

1248 Rapini Odarum liber. *Parif.* 1670. *in* 12.

1249 Commirii Carmina. *Parif.* 1689. *in* 12.

1250 Jean Marot, sur les deux heureux Voyages de Genes & de Venife. *Paris*, 1532. *in* 8.

1251 Oeuvres de Clement Marot. *Lyon, Roville*, 1558. *in* 16.

1251 * { Oeuvres poëtiques de Mellin de Saint-Gelais. *Lyon*, 1574.
Les Exercices de ce tems, ou Satyres contre les mauvaifes mœurs. *Roüen*, 1622. *in* 8.

1252 La Famine, ou les Gabeonites, & autres Poëfies de Jean de la Taille. *Paris*, 1573. *in* 8.

1253 Les Tragiques de d'Aubigné. *in* 8.

1254 Oeuvres poëtiques de Bertaut. *Paris*, 1605. *in* 8. *maroq.*

1255 Poëfies de la Frefnaie Vauquelin. *Caen*, 1611. *in* 8.

1256 Oeuvres de Jacques Poile. *Paris*, 1623. *in* 8.

1257 Satyres de Regnier. *Roüen*, 1616. *in* 8.

1258 Les mêmes. *Paris*, 1661. *in* 12.

1259 Nouvelles œuvres de Théophile. *Paris*, 164. *in* 8.

1260 { Oeuvres de Gerard de Saint-Amant. *Roüen*, 1642.
Diverfes Poëfies. *in* 12.

1261 Oeuvres de Benfferade. *Paris*, 1697. 2. *vol. in* 12.

1262 La Pucelle, par Chapelain. *Paris*, 1656. *in* 12. *figur.*

1263 S. Loüis, Poëme du P. le Moyne. *Paris*, 1658. *in* 12. *figur.*

1264 Poëfies de Malleville. *Paris*, 1659. *in* 12.

1265 David, Poëme de Lesfargues. *Paris*, 1660. *in* 12. *figur.*

1266 Poëfies de Perrin. *Paris*, 1661. *in* 12.

1267 Poëfies nouvelles du Sieur de C***. *Paris*, 1662. *in* 12.

1268 Les Amours de Triftan. *Paris*, 1662. *in* 12.

1269 La Rome ridicule, Caprice du Sieur de Saint-Amant. *in* 8.

1270 Oéuvres du Préfident Nicole. *Paris*, 1693. 2. *vol. in* 12.

1271 Proverbes en rimes, par le Duc. *Paris*, 1665. 2. *tom. en* 1. *vol. in* 12.

1272 Entretiens & Lettres poëtiques du P. le Moyne. *Paris*, 1665. *in* 12.

1273 Defcription d'Amfterdam en vers burlefques. *Amfterdam*, 1666. *in* 12.

1274 Poëfies de Brebeuf. *Paris*, 1666. 2. *vol. in* 12.

1275 La Magdelaine, Poëme du P. de Saint-Loüis. *Lyon*, 1663. *in* 12.

1276 Fables en vers, par Jean de la Fontaine. *Paris*, 1709. 5. *vol. in* 12. *figur.*

1277 Oeuvres pofthumes du même de la Fontaine. *Paris*, 1696. *in* 12.

1278 Les Amours de Pfyché & de Cupidon, du même de la Fontaine. *Paris*, 1708. *in* 12.

1279 La Montre, par de Bonnecorfe. *Paris*, 1671. *in* 12.

1280 Le Poëte fans fard, (par Gacon.) *Cologne*, 1696. *in* 12.

1281 Recueil d'Epigrammes depuis Marot jufqu'à prefent. *Paris*, 1698. 2. *vol. in* 12.

1282 Oeuvres de Montreüil. *Paris*, 1684. *in* 12.

1283 Poëfies paftorales de M. D. F. (de Fontenelle.) *Paris*, 1688. *in 12.*

1284 Oeuvres de Boileau. *Paris*, 1675. *in 12. maroq.*

1285 Les mêmes. *Amfterdam*, 1697. 2. *tom. en* 1. *vol. in* 12.

1286 Les mêmes. *Amfterdam*, 1708. *in* 12.

1287 Le Triomphe de Pradon, ou critique des Satyres du Sieur D**. *Lyon*, 1684. *in* 8.

1288 { Le même, augmenté. *La Haye*, 1686.
{ Lutrigot, Poëme. *in* 12.

1289 Poëfies de Sanlecque. *Harlem*, 1696. *in* 8.

1290 Jofeph, ou l'Efclave fidelle. *Breda*, 1705. *in* 12.

1291 Poëfies de Regnier des Marais. *Paris*, 1708. *in* 12.

1292 Poëfie Tofcane del medefimo. *Parigi*, 1708. *in* 12.

1292 * Oeuvres diverfes du Sieur D***. *Amfterdam*, 1714. 2. *vol. in* 12.

1293 Oeuvres diverfes de Rouffeau. *Soleure*, 1712. *in* 12.

1294 Voyage du Parnaffe. *Rotterdam*, 1716. *in* 12.

1295 L'Eleve de Terpficore, (par M. de Boiffy.) 2. *tom. en* 1. *vol. in* 12.

1296 { Recueil de divers traitez, fçavoir :
{ Le Zombi du grand Perou, ou la Comteffe de Cocagne.
{ La devotion des Sauvages envers la Sainte Vierge de Chartres. *Chartres*, 1700.
{ Le Jeu généalogique des Rois de France.
{ Le Jaloux par force. *Fribourg*, 1695.
{ L'Amour fentinelle, Com. de Nanteüil.
{ Le retour des Officiers, Com. de Dancourt.
{ Le Mercure Voyageur.
{ D. Japhet d'Armenie, Com. de Scarron. *in* 12.

1297 Les charmes de Felicie, & autres pieces de Theatre, de Montauban. *Paris*, 1654. *in* 12.

1299 Poëfies choifies. *Paris*, 1656. 3. *vol. in* 12. *maroq.*

1300 L'Ovide en belle humeur, par d'Assoucy. *Paris*, 1664. *in* 12.

1301 L'élite des Bouts-rimez de ce temps. *Paris*, 1651. *in* 12.

1302 Recueil de Pieces galantes. 2. *vol. in* 12.

1303 Oeuvres diverses. *Paris*, 1670. *in* 12.

1304 Recueil de pieces choisies, par Nicole. *Paris*, 1676. *in* 12.

1305 Recueil de Sonnets. *Paris*, 1683. *in* 12.

1306 Nouveau choix de Poësies. *La Haye*, 1715. 2. *vol. in* 8.

1307 Theatre François. *Paris*, 1705. 3. *vol. in* 12.

1307 * Le même : tomes 2. & 3. 2. *vol. in* 12.

1308 Theatre Italien. *Geneve*, 1695. *in* 12.

1309 Theatre Italien. *Mons*, 1696. *& Bruxelles*, 1697. 3. *vol. in* 12.

1310 Theatre Espagnol, (trad. par le Sage.) *Paris*, 1700. *in* 12.

1311 Recueil de differentes Comedies. 10. *vol. in* 8. *& in* 12.

1312 Oeuvres de Pradon. *Paris*, 1679. *in* 12.

1313 Oeuvres de Poisson. *Paris*, 1679. *in* 12.

1314 Oeuvres de Champmelé. *Paris*, 1696. *in* 12.

1315 Oeuvres de Dancourt. *Paris*, 1698. 5. *vol. in* 12.

1316 Oeuvres de Montfleury. *Amsterdam*, 1698. 2. *vol. in* 12.

1317 Les mêmes. *Paris*, 1705. 2. *vol. in* 12.

1318 Oeuvres de la Grange. *Paris*, 1701. *in* 12.

1319 Oeuvres de Regnard. *Paris*, 1708. 2. *vol. in* 12.

1320 Telefonte, Tragicomedie, & autres pieces de Gilbert. 2. *vol. in* 12. *maroq.*

1321 Oeuvres de Quinault. *Paris*, 1659. 2. *vol. in* 12. *maroq.*

1322 Recueil d'Opera : tomes 1. 2. 3. 5. & 7. 5. *vol. in* 12.

1323 Vaudevilles de Cour : tome second. *Paris*, 1666. *in* 12. *maroq.*

1324 Recueil de Vers mis en chant. *Paris*, 1661. 2. *vol. in* 12.

1325 Autre. *Paris*, 1671. *in* 12.

1326 Recueil de Chanfons, (de Coulange.) *Paris*, 1694. *in* 12.

1327 Parodies Bacchiques. *Paris*, 1696. *in* 12.

1328 Il Petrarca, con annotationi. *Venet. Giolito*, 1559. *in* 8.

1329 La fpofitione di Fornari fopra l'Orlando furiofo. *Firenza, Torrentino*, 1549. *in* 8.

1330 Il Marefcalco, la Cortegiana, la Talanta, & l'Hipocrito, Comedie di Pietro Aretino. 1588. *in* 8. *maroq.*

1331 La Gierufalemme liberata, del Taffo. *Venet.* 1653. *in* 12.

1332 La Gierufalemme, del Taffo. *Elzev.* 1678. 2. *vol. in* 24. *figur.*

1333 L'Aminta, del Taffo. *Elzev.* 1678. *in* 24. *fig.*

1334 Il Paftor fido, del Guarini. *Elzev.* 1678. *in* 24. *fig.*

1335 L'Adone, del Marino. *Elzev.* 1678. 4. *vol. in* 24. *figur.*

1336 Rime del Marino. *Milano*, 1617. 3. *tom. in* 1. *vol. in* 24.

1337 La Galeria del Marino. *Venet.* 1630. *in* 12.

1337 * Madrigali del Marino. *Venet.* 1653. *in* 12.

1338 { L'Aminta, del Taffo. *Roma*, 1648.
Il Paftor fido, del Guarini. *Roma*, 1649.
Rime, del medefimo. *Roma*, 1649. *in* 24.

1339 Madrigaux du Cavalier Guarini, trad. par P.... *Paris*, 1664. *in* 12.

EPISTOLARII, *in 8°. in* 12. *&c.*

1340 Plinii Epiftolæ & Panegyricus. *Elzev.* 1653. *in* 12.

1340 * Aonii Palearii Epiftolæ, Orationes, &c. *Bafil. in* 8.

1342 Epistolæ Virorum illustrium. *Amstelodami*, 1644. *in* 12.

1343 Lettres & Panegyriques aux Heros de la France, par de Rangouze. *Paris*, 1648. *in* 8. *maroq.*

1344 Lettres choisies de Balzac. *Paris*, 1657. *in* 12.

1345 Lettres diverses du même. *Paris*, 1659. 2. *vol. in* 12. *maroq.*

1346 Apologie du même. *Paris*, 1663. *in* 12.

1347 Lettres choisies de Guy Patin. *Cologne*, 1691. 3. *vol. in* 12.

1348 Nouveau recueil des Lettres du même. *Rotterdam*, 1695. *in* 12.

1349 L'Esprit de Guy Patin. *Amst.* 1709. *in* 12.

1350 Lettres de Gastineau. *Paris*, 1677. *in* 12.

1351 Lettres du Chevalier de Meré. *Paris*, 1682. & 89. 2. *vol. in* 12.

1352 Lettres tirées des meilleurs Auteurs, par Richelet. *Lyon*, 1689. *in* 12.

1353 Les mêmes : nouvelle édition. *Paris*, 1705. 2. *vol. in* 12.

1354 Lettres curieuses de Litterature & de Morale, par l'Abbé de Bellegarde. *Paris*, 1702. *in* 12.

1355 Lettres de Bayle. *Rotterdam*, 1714. 2. *vol. in* 12.

1356 Lettres choisies de Simon. *Rotterd.* 1702. & 1705. 3. *vol. in* 12.

1357 Bibliotheque Critique du Sr. de Saint-Jorre, (du même Simon.) *Basle* 1704. 4. *vol. in* 12.

1357 * Lettres historiques & galantes, par Madᵉ. de C***. (Mᵉ. du Noyer :) troisiéme édition. *Cologne*, 1710. 5. *vol. in* 12.

1358 Les mêmes : quatriéme édition. *Cologne*, 1714. 6. *vol. in* 12.

1359 Lettres historiques touchant les Poëtes anciens & modernes. *Amsterdam*, 1708. *in* 12.

1360 Lettere della Signora Isabella Andreini. *Venet.* 1647. *in* 12. *maroq.*

MYTHOLOGI.

MYTHOLOGI, *in* 8°. *in* 12. *&c.*

1361 Opuscula Mythologica , gr. lat. *Cantabrig.* 1675. *in* 8.

1362 Phædrus , Variorum. *Amstelodami* , 1667. *in* 8. *figur.*

1363 Fables de Phedre , trad. par MM. de PR. *Paris* , 1667. *in* 12.

1365 Fables héroïques , par Audin. *Paris*, 1648. 2. *vol.* *in* 8. *figur.*

1367 Abregé de la Fable. *Paris* , 1687. 2. *vol. in* 12.

CRITICI, ET POLYGRAPHI, *in* 8°. *in* 12. *&c.*

1368 Auli Gellii Noctes Atticæ. *Lugd. Batav.* 1644. *in* 12.

1369 Aulus Gellius , H. Stephani. *Paris.* 1585. *in* 8. *maroq.*

1370 Apuleii opera. *Antverp. Raphelengius* , 1594. *in* 12.

1371 L'Ane d'Or, d'Apulée, trad. par de Montlyard. *Paris* , 1623. *in* 8. *figur.*

1372 L'Ane d'Or, d'Apulée, trad. (par M. de Saint-Martin.) *Paris* , 1707. 2. *vol. in* 12. *figur.*

1373 Erasmi Vita & Epistolæ. *Lugd. Batavorum* , 1642. *in* 12.

1374 Ejusdem opuscula. *Lugd. Batavorum* , 1643. 5. *vol. in* 12.

1375 Ejusdem Adagia. *Amst.* 1649. *in* 12.

1376 Erasmus de conscribendis Epistolis. *Lugd. Batav.* 1645. *in* 12.

1377 Erasmi Colloquia. *Elzev.* 1636. *in* 12. *maroq.*

L

1378 Entretiens familiers d'Erasme, trad. par Chappu-
zeau. *Geneve*, 1669. 2. *vol. in* 12.

1379 Ravisii Textoris Dialogi. *Parif.* 1576. *in* 16.

1380 Mariæ à Schurman opuscula. *Trajecti*, 1652.
in 8.

1381 Agrippa, de la vanité des Sciences, trad. du latin.
Paris, 1603. *in* 12.

1382 L'Examen des Esprits pour les Sciences, traduit
de l'espagnol d'Huarte par d'Alibray. *Paris*, 1661.
2. *vol. in* 12. *maroq.*

1383 Du choix & de la méthode des Etudes, par Fleu-
ry. *Bruxel.* 1687. *in* 12.

1384 Grotius & alii de ratione Studiorum. *Elzevir.*
1645. *in* 12.

1385 Ejusdem Epistolæ ad Gallos. *Elzevir.* 1648. *in*
12.

1386 { Memorial de Conferences avec des personnes
studieuses. *Paris*, 1669.
De l'action de l'Orateur, par le Faucheur; pu-
blié par Conrart. *Paris*, 1667. *in* 12.

1387 Secretaria di Apollo, da Boccalini. *Amst.* 1653.
in 24.

1388 Oeuvres de Fr. de la Mothe-le-Vayer. *Paris*,
1669. 15. *vol. in* 12. *maroq.*

1388 * Hexameron rustique, du même. *Paris*, 1670.
in 12. *maroq.*

1389 Dialogues d'Orasius Tubero, (le même le
Vayer.) *Mons*, 1671. *in* 12.

1390 Les Delices de l'Esprit, par Desmarets. *Paris*,
1675. *in* 12. *figur.*

1391 Nouvelles œuvres de le Pays. *Paris*, 1672. 2. *vol.*
in 12.

1392 Du bel Esprit, (par de Callieres.) *Paris*, 1690.
in 12.

1393 Pensées ingénieuses des Anciens & des Modernes,
(par le P. Bouhours.) *Paris*, 1691. *in* 12.

1394 Sentimens de Cleante sur les Entretiens d'Ariste

& d'Eugene, (par Barbier d'Aucour.) *Paris*, 1671.
& 1672. 2. *vol. in* 12.

1395 De la Delicateſſe, (par l'Abbé de Villars.) *Paris*,
1671. *in* 12.

1396 Converſations de l'Academie de l'Abbé Bourde-
lot, recueillies par le Gallois. *Paris*, 1672. *in* 12.

1397 Academie des beaux Eſprits. *Paris*, 1673. *in* 12.

1398 Oeuvres poſthumes du Chevalier de Meré, *Paris*,
1700. *in* 12.

1399 Le Reveil-matin des Mathematiciens de l'Acade-
mie Royale de Paris, par Bertrand. *Hambourg*,
1674. *in* 8.

1400 Oeuvres mêlées de M. de Saint-Evremont. *Paris*,
1670. 14. *part. en* 4. *vol. in* 12.

1401 Oeuvres du même. *Paris*, 1697. 5. *vol. in* 12.

1402 Mem. du Comte D***. par M. de Saint-Evre-
mont ; (par l'Abbé de Villiers.) *Lyon*, 1696. 2. *vol.*
in 12.

1403 Oeuvres mêlées de Chevreau. *La Haye*, 1697. 2.
tom. en 1. *vol. in* 12.

1404 Les mêmes. *La Haye*, 1717. 2. *vol. in* 12.

1405 Oeuvres de Scarron. *Paris*, 1706. 10. *vol. in* 12.

1406 Recueil de pieces en proſe. *Paris*, 1659. *in* 12.

1407 Diverſitez curieuſes. *Paris*, 1700. 8. *vol. in* 12.

1408 Recueil de pieces choiſies en proſe & en vers.
Paris, 1664. *in* 12.

1409 Entretiens des Femmes ſçavantes. *Amſterdam*,
1709. *in* 12.

1410 Projet & fragmens du Dictionnaire de Bayle.
Rotterdam, 1692. *in* 8.

1411 L'Ecole du Monde, par le Noble. *Paris*, 1695.
in 12.

1412 La Grote des Fables, du même. *Paris*, 1696.
in 12.

1413 L'Eſprit d'Eſope, du même. *Paris*, 1697. *in* 12.

1414 Les Tableaux des Philoſophes, du même. *Paris*,
1694. 2. *vol. in* 12.

L ij

1415 Entretiens politiques, du même. *Paris*, 1702. 1703. *&* 1704. 3. *vol. in* 12.

1416 Pasquinades & autres pieces, du même. 9. *vol. in* 12.

1417 Réponses aux questions d'un Provincial, (par Bayle.) *Rotterdam*, 1704. 2. *tom. en* 1. *vol. in* 12.

1418 Melange critique de Litterature, par le Clerc. *Amsterdam*, 1707. *in* 12.

1419 Le Parterre du Parnasse françois, par Bonafous. *Amst.* 1709. *in* 12.

APOPHTHEGMATA, ADAGIA, PROVERBIA, *in* 8°. *in* 12. *&c.*

1420 Valerius Maximus, Variorum. *Lugd. Batav.* 1660. *in* 8.

1421 Valerius Maximus. *Elzev.* 1671. *in* 12.

1422 Valere Maxime, trad. par Claveret. *Paris*, 1659. 2. *vol. in* 12. *maroq.*

1423 L'élite des beaux traits d'Esprit. *Paris*, 1663. *in* 8.

1424 Les Apophthegmes, translatez du latin par Macault. *Paris*, 1543. *in* 16.

1425 Prima Scaligerana. *Ultraj.* 1671. *in* 12.

1426 Scaligeriana. *Haga*, 1666. *in* 8.

1427 Perroniana & Thuana. *Colon. Agrip.* 1669. *in* 12.

1428 Thuana. 1670. *in* 12.

1429 Furetiriana. *Paris*, 1696. *in* 12.

1430 Bons Mots & bons Contes, (par de Callieres.) *Paris*, 1692. *in* 12.

1431 Elite des bons Mots. *Amsterdam*, 1706. 2. *vol. in* 12.

1432 Chevræana. *Paris*, 1697. *in* 12.

1433 Parrhasiana, (par le Clerc.) *Amst.* 1699. 2. *vol. in* 12.

1434 Les mêmes. *Amst.* 1701. 2. *vol. in* 12.

1435 Orientaliana, ou les bons Mots des Orientaux, par Galland. *Paris*, 1701. *in* 12.

1436 Antimenagiana. *Paris*, 1693. *in* 12.

1437 Le Paſſetems agréable, ou nouveau choix de bons Mots. 1709. *in* 12.

1438 Bons Mots des Anciens & des Modernes. *Paris*, 1709. *in* 12.

1439 Extraits de divers Auteurs du tems, par Corbinelli. *Amſt.* 1681. 5. *vol. in* 12.

SATYRICI, *in* 8º. *in* 12. *&c.*

1440 Traité de la Satire, (par l'Abbé de Villiers.) *Paris*, 1695. *in* 12.

1441 Petronius. *Janſſon.* 1634. *in* 24. *maroq.*

1442 Petronius. *Amſt.* 1677. *in* 32. *maroq.*

1443 { Fragmenta Petronii. *Antverp. Plantin*, 1565.
 Ars poëtica Horatii, cum Sambuci paraphraſi.
 Ibid. 1564.
 Viperanus de ſcribenda Hiſtoria, de Rege & Regno. *Ibid.* 1569. *in* 8.

1444 Petronius, Variorum. *Amſt.* 1669. *in* 8.

1445 Traduction de Petrone, (par Nodot.) *Cologne*, 1693. 2. *tom. en* 1. *vol. in* 12.

1446 La même. *Cologne*, 1693. 2. *vol. in* 12. *figur.*

1447 La même, avec le latin à côté. *Cologne*, 1694. 2. *vol. in* 12.

1448 Obſervations ſur le Petrone trouvé à Belgrade. *Paris*, 1694. *in* 12.

1449 Apologie d'Herodote, par H. Eſtienne. *Geneve*, 1566. *in* 8.

1450 La même. *Anvers*, 1568. *in* 8.

1451 Munſterus Hypobòlimæus. *Lugd. Batav.* 1617. *in* 12.

1452 Scioppii infamia Famiani. *Amſt.* 1663. *in* 12.

1453 Barclaii Euphormio. *Elzev.* 1637. *in* 12.

1454 Opere fcelte di Ferrante Pallavicino. *Villafr.* 1666. *in* 12.

1455 La Taliclea, del medefimo. *Amfterd.* 1653. *in* 24.

1456 La Rete di Volcano, del medefimo. *Venet.* 1647. *in* 12.

1457 Le due Agrippine, del medefimo. *Venet.* 1642. *in* 12.

1458 Il Sindicato di Aleffandro VII. 1668. *in* 12.

1459 Le Courrier dévalifé, trad. de l'italien. *Villefr.* 1644. *in* 12.

1460 Rome pleurante, trad. de l'italien. *Leyde*, 1666. *in* 12.

1461 Il Nipotifmo di Roma, (da Leti.) 1667. 2. *vol. in* 12.

1462 Le Nepotifme, trad. de l'italien. 1669. 2. *vol. in* 12.

1463 L'Evangile de Rome. 1600. *in* 8.

1464 La Camarade de l'Antechrift. *in* 8.

1465 Apocalypfe de Meliton, (par M.Camus Evê que de Belley.) *S. Leger*, 1668. *in* 12.

1466 Les Moines empruntez. 1698. 2. *tom. en* 1. *vol. in* 12.

1467 Le Moine fecularifé; & autres pieces. *in* 12.

1468 Les nouvelles Lumieres politiques, ou l'Evangile nouveau du Cardinal Palavicin. *Paris*, (*Hollande*,) 1676. *in* 12.

1469 Le Debat d'un Jacopin & d'un Cordelier; & autres pieces. *in* 12.

1470 Pafquin reffufcité, trad. de l'italien. *Villefranche*, 1670. *in* 12.

1471 Entretiens des Voyageurs fur la mer. *Cologne*, 1683. 2. *vol. in* 12.

1472 La Cour de France Turbanifée. *Cologne*, 1687. *in* 12.

1473 Memoires politiques, fatyriques & amufans. *Veritopoli*, 1716. 3. *vol. in* 12.

1474 Les Coudées franches, ouvrage fatirique, (par Bordelon.) *Paris*, 1723. 2. *tom. en* 1. *vol. in* 12.

1475 La Critique défintereffée fur les Satires du tems. *in* 8.

HIEROGLYPHICI, *in* 8°. *in* 12. *&c.*

1476 Boxhornii Emblemata politica. *Amft.* 1635. *in* 12. *maroq.*

1477 Devifes & Emblemes de Florent Chouayne. *Chartres*, 1645. *in* 8.

1478 Les Emblemes & Devifes du Roi & des Princes, par Giffey. *Paris*, 1656. *in* 4°. *figur.*

1479 Emblemes divers, par Baudoin. *Paris*, 1659. 2. *vol. in* 8. *figur.*

1480 L'art des Emblêmes, par Meneftrier. *Lyon*, 1662. *in* 8.

1481 Devifes heroïques de Claude Paradin. *Paris*, 1621. *in* 8.

1482 { Les mêmes. *Paris*, 1621. Traité des Devifes, par Fr. d'Amboife. *Paris*, 1620. Devifes royales, par Adr. d'Amboife. *Paris*, 1621. *in* 8.

1483 Humanæ Salutis monumenta, per Ariam Montanum. *Antverp.* 1571. *in* 8. *figur.*

DISSERTATIONES LUDICRI ARGUMENTI, *in* 8°. *in* 12. *&c.*

1484 Il Decamerone, di Giou. Boccaccio. *Rouillio*, 1555. *in* 12.

1485 Il Decameron, di Giou. Boccacci, *Amft.* 1665. *in* 12. *maroq.*

1486 Le Songe de Boccace, trad. de l'italien. *in* 12.

1487 Contes & Nouvelles de Marguerite de Valois Reine de Navarre. *Amst.* 1720. *tom.* 1. 3. 4. *in* 12. *brochez.*

1488 Contes, Nouvelles & joyeux Devis de Bona-venture des Periers. *Amst.* 1711. 2. *tom. en* 1. *vol. in* 12.

1489 Oeuvres de Rabelais. *Bruxelles,* 1669. 2. *vol. in* 12.

1490 Oeuvres de Rabelais, (avec les remarques de MM. le Duchat & de la Monnoye.) *Amst.* 1711. 5. *tom. en* 3. *vol. in* 8.

1491 Lettres du même, avec des remarques. *Bruxelles,* 1710. *in* 8.

1492 Arresta Amorum, cum Curtii commentariis. *Gryph.* 1546. *in* 8.

1493 Le Monde à l'Empire & le Monde Demoniaque, revû par Pierre Viret. *Geneve,* 1579. *in* 8.

1494 Bannissement des folles Amours, par Davity. *Lyon,* 1618. *in* 8.

1495 La loüange de la Folie, par Erasme; trad. par Petit. *Paris,* 1672. *in* 12.

1496 Eloge de l'Yvresse, (par de Salengre.) *La Haye,* 1715. *in* 12.

1497 { Facetie, Motti, Burle, &c. da Lod. Domeni-chi. *Venet.* 1581.
{ Facetie, di Poncino della Torre. *Cremona,* 1581.
{ Facetie di diversi. *Firenze,* 1579. *in* 8.

1498 L'alphabet de l'imperfection & malice des Fem-mes, par Jacques Olivier. *Roüen,* 1646. *in* 12.

1499 De l'égalité des deux Sexes, (par Poulain.) *Pa-ris,* 1673. *in* 12.

1500 L'excellence des Hommes, contre l'égalité des Sexes. *Paris,* 1675. *in* 12.

1501 { Dialogi maritimi, di Gio. Jac. Bottazzo; con le Rime maritime di Nicolo Franco & d'al-tri. *Mantoua,* 1547.

Rime

{ Rime burlesche, di Fr. Ferrari. *Venet.* 1570.
{   *in* 8.

1502 Antilucerna, Dialogo di Eureta Misoscolo. *Venet.*
1649. *in* 12.

1503 La Doppia impiccata. *Orbitello*, 1667. *in* 12.

1504 Les œuvres de Quevedo, trad. de l'espagnol par
de la Geneste. *Roüen*, 1656. *& Paris*, 1664. 2. *vol.*
in 12.

1505 Entretiens du Cours, par de Marmet. *Paris*, 1655.
in 12.

1506 Le sejour de Londres, ou solitude de Cour, par
de Galardi. *Cologne*, 1671. *in* 12.

1507 Le Paquebot d'Angleterre en Hollande. 1690.
in 12.

1508 Le Mercure Indien, ou tresor des Indes, par de
Rosnel. *Paris*, 1667. 2. *vol. in* 8. *maroq.*

1509 Les désordres de la Bassette. *Paris*, 1682. *in* 12.

1510 Voyage du Prince de Montberaud dans l'Isle de
Naudely. *Merinde*, 1706. *in* 12. *figur.*

1511 La Voiture embourbée. *Paris*, 1714. *in* 12.

1512 L'Avocat condamné. 1669. *in* 12.

1513 Entretiens familiers des Animaux parlans. *Bruxel.*
1672. *in* 12.

1514 Le Triomphe de la Gloire, ou les dernieres Con-
quêtes de Loüis le Grand, par de Caissel. *Paris*,
1682. *in* 12.

1515 Problemes & traitez sceptiques de la Mothe-le-
Vayer. *Paris*, 1666. *in* 12.

1516 La Telemacomanie, (par Faydit.) *Eleuteropole*,
1700. *in* 12.

1517 Critique de Telemaque. *Cologne*, 1700. 2. *vol.*
in 12.

1518 Le Bouquet Historial. *Paris*, 1665. *in* 12.

{ Description de l'Isle de Portraiture & de la Ville
1519 { des Portraits. *Paris*, 1659.
{ Relation du Royaume de Sophie. *Ibid.* 1659.
{   *in* 12. *maroq.*

M

1520 Les plaisirs & les chagrins de l'Amour. *Amsterdam,*
 1722. 2. *vol. in* 12. *brochez.*

1521 { Memoires du Chevalier Hasard. *Cologne,* 1703.
 Relation de la Rebellion de Stenko-Razin con-
 tre le Duc de Moscovie, trad. de l'anglois.
 Paris, 1672. *in* 12.

1522 { Les mêmes Memoires du Chevalier Hasard.
 Cologne, 1705.
 L'Art de plumer la poule sans crier. *Cologne,*
 1710. *in* 12.

1524 { L'heureux Chanoine de Rome, Nouvelle ga-
 lante. 1707.
 Les privileges du Cocuage. *Cologne ,* 1708.
 in 12.

1525 Le Voyage forcé de Becafort, (par Bordelon.)
 Paris, 1709. *in* 12.

1526 { Les Libertins en campagne, Memoires tirez du
 Pere de la Joye. *au Quartier Royal,* 1710.
 Les victoires de l'Amour, ou Histoires de Zaï-
 de, de Leonor, & de la Marquise de Vico.
 Amst. 1714. *in* 12. *figur.*

1527 Les Tours de Maître-Gonin, (par Bordelon.)
 Paris, 1713. 2. *vol. in* 12.

1528 la maison des Jeux : premiere journée. *Paris,*
 1642. *in* 8.

1529 La maison des Jeux Academiques. *Paris,* 1665.
 in 12.

1530 { Nouveaux Dialogues des Dieux, par de Ternan.
 Amst. 1684.
 Prédictions sur la destinée de plusieurs Princes.
 Anvers, 1684.
 Pasquini & Marphorii curiosæ interlocutiones,
 lat. gall. & belgicè. 1684.
 Dialogo frà Genova & Algieri città fulminate
 dal Giove Gallico. *Amsterdam,* 1685. *in* 12.

1531 Nouveaux Dialogues des Morts, (par M. de Fon-
 tenelle.) *Paris,* 1692. 2. *vol. in* 12.

1532 Jugement de Pluton fur ces Dialogues, (par le même.) *Paris*, 1684. *in* 12.

1533 Oeuvres du même Auteur. *Londres*, 1713. 2. *vol. in* 12.

1534 Lucien en belle humeur, ou nouvelles Converſations des Morts. *Amſt.* 1694. 2. *vol. in* 12.

1535 Dialogues réjoüiſſans des Dieux & des Hommes vivans & morts, ou les copies de Lucien en vers, par de la Fontaine. *Anvers*, 1702. *in* 12.

1536 Nouveaux Dialogues des Dieux, (par M. Remond de Saint-Mard.) *Amſt.* 1711. *in* 12.

1537 Dialogue entre le Diable boiteux & le Diable borgne. *Paris*, 1707. *in* 12.

EROTICI ET NARRATORES,
in 8°. *in* 12. *&c.*

1538 Achilles Tatius de Clitophontis & Leucippes Amoribus, gr. lat. cum notis Salmaſii. *Lugd. Batav.* 1640. *in* 12.

1539 Les angoiſſes douloureuſes qui procedent d'Amours. *Paris*, 1538. *in* 8.

1540 Dialogo d'Amore, di Giou. Boccaccio. *Venetia*, 1584. *in* 12.

1541 De l'origine des Romans, par M. Huet. *Paris*, 1685. *in* 12.

1542 Ariſtandre, ou Hiſtoire interrompuë. *Paris*, 1664. *in* 12.

1543 L'Hiſtoire de Theagene & de Chariclée, trad. en eſpagnol. *Paris*, 1616. *in* 12.

1544 Barclaii Argenis, Variorum. *Lugd. Batav.* 1659. *in* 8.

1545 L'Argenide di Giou. Barclaio, trad. da Pona. *Padoua*, 1644. *in* 8. *maroq.*

1546 Parthenice, de M. Camus Evêque du Belley. *Paris*, 1621. *in* 8.

1547 Palombe, du même. *Paris*, 1625. *in* 8.

1548 La Diane de Montemajor, trad. de l'espagnol. *Paris*, 1631. *in* 8.

1549 La Dianea, di Loredano. *Bologna*, 1641. *in* 12. *maroq.*

1550 Cyrus, de Scudery. *Paris & Leyde*, 10. *vol. in* 8.

1551 Cleopatre, de la Calprenede. *Paris*, 12. *vol. in* 8.

1552 Cassandre, du même. *Paris*, 10. *vol. in* 8.

1553 Clelie, de Scudery. *Paris*, 10. *vol. in* 8.

1554 Ibrahim, ou l'illustre Bassa, de Scudery. *Paris*, 4. *tom. en* 8. *vol. in* 8.

1555 Polixene, de Moliere. *Paris*, 2. *vol. in* 8.

1556 Macarise, de l'Abbé d'Aubignac. *Paris*, 2. *tom. en* 4. *vol. in* 8.

1557 Carmente, de Mlle. des Jardins. *Paris*, 2. *vol. in* 8.

1558 Les Nouvelles Françoises, ou les Divertissemens de la Princesse Aurelie, par de Segrais. *Paris*, 1556. 2. *vol. in* 8.

1559 La fausse Clelie. *Paris*, 1670. 2. *vol. in* 12.

1560 Zaïde, par de Segrais; avec l'origine des Romans, par M. Huet. *Paris*, 1670. 2. *vol. in* 8.

1561 La Princesse de Cleves. *Lyon & Paris*, 1690. 4. *tom. en* 2. *vol. in* 12.

1562 Conversations sur la Critique de la Princesse de Cleves. *Paris*, 1679. *in* 12.

1563 Les Dames galantes. *Paris*, 1685. 2. *vol. in* 12.

1564 Les amusemens de la Princesse Atilde. *Paris*, 1697. 2. *vol. in* 12.

1565 Astrée de M. d'Urfé. *Paris*, 5. *vol. in* 8.

1566 La nouvelle Astrée. *Paris*, 1712. *in* 12.

1567 Polexandre, de Gomberville. *Paris*, 5. *vol. in* 8.

1568 Le Roman des Chevaliers de Thrace. *Paris*, 1605. *in* 8.

1569 Le Roman bourgeois, par Furetiere, *Paris*, 1666. *in* 8.

1570 L'Atlantis de Madame Manley, trad. de l'anglois. *Londres*, 1714. 2. *vol. in* 12.

1571 Cleon, ou le parfait Confident. *Paris*, 1680. *in* 12.

1572 Epiſtole amoroſe, di Ceſare Orſino. 1625. *in* 24.

1573 Lettres amoureuſes & morales des beaux Eſprits de ce tems, par de Roſſet. *Paris*, 1625. *in* 8. *maroq.*

1574 Cent Lettres d'Amour. *Paris*, 1646. *in* 8.

1575 Lettres & Billets galants. *Paris*, 1668. *in* 12. *maroq.*

1576 Lettres galantes, de D. M. *Paris*, 1672. *in* 12.

1577 [Lettres d'Amour d'une Religieuſe Portugaiſe. 1696. *in* 12.

1578 Lettres galantes, du Chevalier d'Her * * , (par M. de Fontenelle.) *Paris*, 1699. *in* 12.

1579 Lettres galantes de Girault. *Paris*, 1699. *in* 12.

1580 { Academie galante, contenant diverſes petites Hiſtoires curieuſes. *Amſt.* 1710.
Relation de l'Amour de l'Empereur de Maroc, pour la Princeſſe de C . . . *Cologne*, 1707. *in* 12.

1581 Sentimens d'Amour tirez des meilleurs Poëtes modernes, par Corbinelli. *Paris*, 1665. 2. *vol. in* 12.

1582 Diverſités galantes. *Paris*, 1665. *in* 12.

1583 Entretiens galans d'Ariſtippe & d'Axiane. *Paris*, 1664. *in* 12.

1584 Oeuvres galantes de Cottin. *Paris*, 1665. *in* 12.

1585 Le Roman des Lettres, ou Entretiens & Converſations galantes. *Paris*, 1670. *in* 8.

1586 Mélange de pieces galantes & heroïques, par le Chevalier de Hoſbiniere. *Bruxel.* 1704. *in* 12.

1587 Petit traité d'Arnalte & Lucenda, ital. fr. *Lyon*, 1570. *in* 16.

1588 L'inganno fortunato, overo l'Amata aborrita, trad. del ſpagnuolo. *Parigi*, 1659. *in* 12.

1589 Le Courrier d'Amour. *Paris*, 1679. *in* 12.

1590 Zelotide, Histoire galante, par le Pays. *Paris*, *in* 12.

1591 M. de Kervault, Nouvelle galante. *Paris*, 1678. 2. *vol. in* 12.

1592 Les Amours de Glorian & d'Ismene, par du Souhait. *Paris*, 1600. *in* 12.

1593 Les Amours de Caristée, & autres Poësies, par de la Roque. *Roüen*, 1594. *in* 12.

1594 Les Amours d'Armide, par Joulet. *Roüen*, 1614. *in* 12.

1595 Les Amours d'Astrée & de Celadon, Pastorale de Rayssiguier. *Paris*, 1632. *in* 8.

1596 Amours d'Abailard. *Paris*, 1675. *in* 12.

1597 Recueil des Lettres & Amours d'Abailard & d'Heloïse. *Amst.* 1713. *in* 12.

1598 Les Amours de Charles de Gonzague Duc de Mantoüe & de Marguerite de Rovere, trad. de l'italien de Capocoda. 1666. *in* 12.

1599 La Boussole des Amans. *Cologne*, 1670. *in* 12.

1600 Histoire & Amours du Prince Charles & de l'Imperatrice Doüairiere. *Cologne*, 1676. *in* 12.

1601 Les Amours de Lisandre & de Caliste, par Daudiguier. *Paris*, 1677. *in* 12.

1602 Le double Cocu. *Amst.* 1679. *in* 12.

1603 Nouvelles galantes, comiques & tragiques. *Paris*, 1679. 2. *vol. in* 12.

1604 Le beau Polonois, par de Prechac. *Paris*, 1681. *in* 12.

1605 Annales de la Cour & de Paris pour les années 1697. & 98. *Cologne*, 1706. 2. *tom. en* 1. *vol. in* 12.

1606 Intrigues galantes de la Cour de France, (par Vannel.) *Cologne*, 1695. 2. *vol. in* 12.

1607 L'Amour Amant. *Lyon*, 1696. *in* 12.

1608 Les Princes rivaux. *Paris*, 1698. *in* 12.

1609 La Rivale travestie, ou Avantures galantes arrivées au Camp de Compiegne, (par Nodot.) *Paris*, 1699. *in* 12.

1610 Les Galanteries Angloifes. *La Haye*, 1700. *in* 12.

1611 Les Avantures galantes du Chevalier de Themi-court. *Paris*, 1701. *in* 12.

1612 Anecdote galante, ou Hiftoire fecrete de Catherine de Bourbon Ducheffe de Bar. *Nancy*, 1703. *in* 12.

1614 Diverfes Avantures de France & d'Efpagne, par le Chevalier de Mailly. *Paris*, 1707.

1615 Amours & Lettres de Cleante & Belife. *Leide*, 1691. *in* 12.

1616 {
  La fauffe Veftale, ou l'ingrate Chanoineffe. *Cologne*, 1710.
  L'Egyptienne. *Liege*, 1706.
  L'Amant liberal, ou les Amours de Richard. *Liege*, 1706. *in* 12.
}

1617 Celife, où l'Amante infidelle, par M. D. ... ouvrage galant & critique. *Paris*, 1713. *in* 12.

1618 Le Batard de Navarre. *Paris*, 1683. *in* 12.

1619 Memoires de P. François Prodez Marquis d'Almacheu. *Amft.* 1677. 2. *tom. en* 1. *vol. in* 12.

1620 Hiftoire de Catherine de France Reine d'Angleterre. *Paris*, 1696. *in* 12.

1621 Le Sire d'Aubigny. *Paris*, 1698. *in* 12.

1622 Le Comte de Warwick, par Madame d'Aunoy. *Paris*, 1703. 2. *vol. in* 12.

1623 La Ducheffe de Milan, par de Prechac. *Paris*, 1682. *in* 12.

1624 Hiftoire galante & veritable de C**. *Amft.* 1715. *in* 12.

1625 Les Apparences trompeufes, ou les Amours du Duc de Nemours & de la Marquife de Poyanne. 1715. *in* 12.

1626 Cleandre & Califte, ou l'Amour veritable. 1722. *in* 12.

1627 Les diverfes Leçons de Pierre Meffie, trad. par Gruget. *in* 8. *fans frontifpice.*

1628 Les Nouvelles de Lancelot. *Roüen*, 1641. *in* 8.

1629 Nouvelles de Cervantes, trad. *Paris*, 1678. 2. *vol. in* 12.

1630 Les Divertissemens de Cassandre & de Diane, ou les Nouvelles de Castillo & Taleyro ; trad. de l'espagnol par Vanel. *Paris*, 1683. 2. *tom. en* 1. *vol. in* 12.

1631 Histoires tragiques de notre tems, par de Rosset. *Roüen*, 1700. *in* 8.

1632 Nouvelles toutes nouvelles, par M. D. L. C. *Paris*, 1709. *in* 12.

1633 Le Guéux, ou la Vie de Guzman d'Alfarache, trad. de l'espagnol de Mateo Aleman. *Paris*, 1619. *&* 1620. 2. *vol. in* 8. *maroq.*

1634 Le Roman de la Cour de Bruxelles, ou les Avantures des plus braves Cavaliers & des plus belles Dames. *Spa*, 1628. *in* 8.

1635 La Fortune marâtre de plusieurs Princes & Grands Seigneurs, par de Rocoles. *in* 12. *figur.*

1636 Les Avantures du Philosophe inconnu en la recherche de la Pierre Philosophale. *Paris*, 1646. *in* 12. *maroq.*

1637 Agrippina Minore, di Francesco de' Conti Berardi Capocio Cuccino. *Venet.* 1655. *in* 12.

1638 Cleante, ou Dom Carlos. *Paris*, 1662. *in* 12. *maroq.*

1639 Histoire d'Iris & de Dafnis. *Paris*, 1666. *in* 12.

1640 Les Amours libres des deux Freres. *Cologne*, 1709. *in* 12.

1641 Les Conseils d'Ariste à Celimene. *Paris*, 1668. *in* 12.

1642 Memoires du Serrail sous Amurat II. *Paris*, 1679. 2. *tom. en* 1. *vol. in* 12.

1643 Celanire. *Paris*, 1671. *in* 12.

1644 Beralde Prince de Savoye : tome premier. *Paris*, 1672. *in* 12.

1645

1645 Nicandre, premiere Nouvelle de l'Inconnu. *Paris,*
. 1672. *in* 12.

1646 Francion, hiſtoire comique. *Paris,* 1663. 2. *vol.*
in 12. *maroq.*

1647 Le même. *Leyde,* 1721. 2. *vol. in* 12.

1648 Le Solitaire, Nouvelle. *Paris,* 1677. *in* 12.

1649 Merouée Fils de France. *Paris,* 1678. *in* 12.

1650 La Comteſſe d'Iſembourg. *Paris,* 1678. *in* 12.

1651 Le Voyage de Fontainebleau, par de Prechac.
. *Paris,* 1678. *in* 12.

1652 La Noble Venitienne, par le même. *Paris,* 1679.
in 12.

1653 Hiſtoire du Comte de Genevois & de Mlle. d'An-
jou. *Paris,* 1680. *in* 12.

1654 Les deux Uranies, hiſtoire du Parnaſſe, par Mo-
reau. *Paris,* 1685. *in* 12.

1656 L'illuſtre Pariſienne, par de Prechac. *Paris,* 1679.
& 1690. 2. *vol. in* 12.

1657 Les illuſtres Françoiſes, hiſtoires veritables. *La*
Haye, 1715. 2. *vol. in* 12.

1658 Le Prince de Sicile, *Paris,* 1690. 3. *tom. en* 1. *vol.*
in 12.

1659 La Princeſſe de Phaltzbourg. *Cologne,* 1696. *in*
12.

1660 { Le triomphe de la Deeſſe Monas, ou l'hiſtoire
du Portrait de Madame la Princeſſe de Conti.
Amſt. 1698.

Raimond Comte de Barcelonne. *Amſterdam,*
1698.

L'ambitieuſe Grenadine. *Lyon,* 1679.

Les beaux jours de la Haye. *Londres,* 1709.
in 12.

1661 { Le Triomphe de la Déeſſe Monas, ou l'hiſtoire
du Portrait de la Princeſſe de Conti fille du
Roi. *Amſt.* 1698.

Hiſtoire de Dom Antoine Roi de Portugal, par
M.^ad. de Sainctonge. *Amſt.* 1686.

{ Les deux Amantes, ou les Amours de Marc-
    Antoine & de Theodofe. *Amfterdam*, 1707.
    in 12.

1662 Hiftoire de Jean de Bourbon Prince de Carency,
    par Madame Daunoy. *Paris*, 1692. 3. *vol. in* 12.

1663 Relation du Voyage du Prince de Montberaud.
    Merinde, 1706. *in* 12.

1664 Les Avantures provinciales, le Voyage de Falaife,
    par le Noble. *Paris*, 1707. *in* 12.

1665 Memoires de la Vie de Henriette Silvie de Mo-
    liere. *Bruxel.* 1707. *in* 12.

    { L'heureux Efclave. *La Haye*, 1708. *figur.*
    | Intrigues amoureufes de François I. ou hiftoire
    | tragique de la Comteffe de Châteaubriand.
1666 { La Vie de Claire-Ifabelle Archiducheffe d'Inf-
    | pruck, femme de Charles II. Duc de Man-
    | touë; avec l'hiftoire du Religieux marié.
    {   *in* 12.

1667 Mital, ou Avantures incroyables. *Paris*, 1708.
    in 12.

    { L'Efprit malin, par M. D.... *Paris*, 1710.
1668 { Les Libertins en campagne. *in* 12. *imp.*

1669 Les Avantures de Rozelli. *Amft.* 1709. 2. *tom. en* 1.
    vol. in 12.

1670 Alix de France. *Amft.* 1712. *in* 12.

1671 Avantures choifies. *Paris*, 1714. 3. *parties en* 1. *vol.*
    in 12.

    { L'Innocence reconnuë. *Troyes*, 1714.
    | L'Hiftoire de Pierre de Provence & de la belle
1672 {   Maguelone. *Ibid.*
    { Le Roman de la belle Helene. *Ibid. in* 8.

HISTORIA,
in 8°. *in* 12.. *&c.*

GEOGRAPHI, ET CHRONOLOGI,
in 8°. *in* 12. *&c.*

1673 DE l'usage de l'Histoire, (par de Saint-Real.) *Paris*, 1671. *in* 12.

1674 Histoire des Histoires, par de la Popeliniere. *Paris*, 1599. *in* 8.

1675 Strabo de situ Orbis. *Amstelodami*, 1652. 2. *vol. in* 12.

1676 Merulæ Cosmographia. *Amstelod.* 1636. 5. *vol. in* 12. *maroq.*

1677 Petavii Rationarium Temporum. *Parisiis*, 1641. *in* 8.

1678 Alstedii thesaurus Chronologiæ. *Herbornæ*, 1628. *in* 8.

1679 Justinus. *Elzevir.* 1650. *in* 24.

1680 Justinus, Variorum. *Amst.* 1659. *in* 8.

1681 Justin, trad. par de Collomby Cauvigny. *Paris*, 1669. *in* 12.

1682 Historie di Marco Guazzo. *Venet.* 1547. *in* 8.

1683 { Science de l'Histoire. *Paris*, 1665.
{ De l'Histoire, par le Moyne. *Paris*, 1670. *in* 12.

1684 Introduction à l'Histoire, trad. de l'allemand de Puffendorf par Rouxel. *Utrecht*, 1685. 2. *vol. in* 12.

1685 Histoire universelle de Turselin, trad. (par Laigneau.) *Paris*, 1706. 2. *vol. in* 12.

1686 Adolphi Brachelii Hift. noftri temporis. *Amft.* 655.
2. *vol. in* 12. *figur.*

16 ?7 Abregé de l'Hiftoire de ce fiecle de fer, par de
Perival. *Bruxel.* 1661. 3. *vol. in* 12. *maroq.*

1688 Le même, avec la continuat. *La Haye,* 1705. 5.
vol. in 12.

1639 Bouquet hiftorial. *Paris,* 1650. 2. *vol. in* 8.

1690 Abregé des Guerres des Roys de France & d'An-
gleterre, &c. contre les Provinces-Unies. *Amfterd.*
1674. *in* 12.

1691 Mercure Efpagnol. 1639. *in* 8.

1692 Le Juftin moderne, ou détail des affaires de ce
tems. *Villefranche,* 1677. *in* 12.

1693 L'État de la Cour des Rois de l'Europe, par de
Sainte-Marthe. *Paris,* 1670. 2. *vol. in* 12.

1694 Memoires pour fervir à l'Hiftoire du tems. *An-
vers,* 1676. 2. *vol. in* 12.

1695 Mercure Hollandois, depuis 1672. jufques & com-
pris 1684. 13. *vol. in* 12.

1696 Memoires du Chevalier Temple, trad. de l'an-
glois. *La Haye,* 1692. *in* 12.

1697 Les mêmes. *in* 12.

1698 Oeuvres mêlées du même, trad. de l'anglois.
Utrecht, 1694. 2. *tom. en* 1. *vol. in* 12.

1699 Les Souverains du Monde, trad. de l'allemand ;
avec la continuation. *Paris,* 1718. 4. *vol. in* 12.

HISTORIA ECCLESIASTICA,
in 8º. *in* 12. *&c.*

1700 Le Paradis Terreftre, ou Emblemes facrez. *Paris,*
1655. *in* 12. *figur.*

1701 Davide perfeguitato, di Malvezzi. *Macerata,*
1634. *in* 12.

1702 Malvezzi, hiftoria politica de perfecutione Davi-
dis, ex ital. latinè. *Lugd. Batav.* 1660. *in* 12.

1703 Hiſtoire de Moyſe. *Liege*, 1699. *in* 12. *figur.*

1704 Sulpitius Severus, Variorum. *Lugd. Bat.* 1654. *in* 8.

1705 Sulpice Severe, trad. par Giry. *Paris*, 1659. *in* 12.

1706 Annales de Baronius, trad. de l'abregé d'Aurele Peruſin par Chaulmer. *Paris*, 1664. 6. *vol. in* 12.

1707 Hiſtoire Sainte, par le P. Gautruche. *Caen*, 1668. *& Paris*, 1679. 4. *vol. in* 12.

1708 Hiſtoire critique de la Créance & des Coutumes des Nations du Levant, par Moni (Richard *Simon.*) *Francfort*, 1684. *in* 12.

1709 Etat de la Religion Mahometane, par le P. Nau. *Paris*, 1685. *in* 12.

1710 Relation des Miſſions des Evêques François au Royaume de Siam, &c. *Paris*, 1674. *in* 8.

1711 Relation des Miſſions & des Voyages des Evêques & Vicaires Apoſtoliques ès années 1672. 73. 74. 75. *Paris*, 1680. *in* 8.

1712 ⎰ Relation de ce qui s'eſt paſſé dans les Indes Orientales par les Peres de la Compagnie de Jeſus. *Paris*, 1 51.
⎱ Relation de la deſcente des Anglois en l'Iſle de Rhé. *Paris*, 1651.
Voyage de la Terre Sainte, par Giraudet. *Toloſe*, 1583. *in* 8.

1713 ⎰ Vies des cinq Peres de la Compagnie de Jeſus qui ont ſouffert dans le Japon, par de Rhodes. *Paris*, 1653.
Relation des Miſſions des Jeſuites dans l'Amerique Meridionale, par Pelleprat. *Paris*, 1655.
Relation des Miſſions des Jeſuites dans les Indes Orientales, trad. de l'italien du P. de Magiſtris. *Paris*, 1663. *in* 8.

1714 L'état preſent de l'Egliſe de la Chine. *Paris*, 1670. *in* 12.

1715 Hiſtoire de la Miſſion des Capucins en l'Iſle de

Maragnan, &c. par Claude d'Abbeville. *Paris,* 1614. *in* 8.

1716 Relations des progrès de la Religion Chrétienne en l'Amerique. *Paris,* 1638. *in* 8.

1717 Le nouveau Monde, ou l'Amerique Chrétienne, par Chaulmer. *Paris,* 1659. *in* 12.

1718 { Histoire de la Religion des Banians & anciens Persans, trad. de l'anglois d'Henry Lord. *Paris,* 1667.
Relation de la découverte de l'Isle de Madere, trad. du portugais. *Paris,* 1671.
Relation de l'Isle de Tabago, par de Rochefort. *Paris,* 1666. *in* 12.

1719 Vita di Sisto V. da Gregorio Leti. *Lausanna,* 1669. 2. *vol. in* 12.

1720 Traité de l'origine des Cardinaux & des Legats, principalement des François ; avec d'autres pieces curieuses. *Cologne,* 1670. *in* 12.

1721 Il Cardinalismo, (da Leti.) 1668. 3. *vol. in* 12.

1722 La balance des Cardinaux vivans, trad. de l'italien. *Paris,* 1652. *in* 12.

1723 Intrigues secretes des Cardinaux pour parvenir à la Papauté. 1680. *in* 12.

1724 Hist. Ecclesiastique, trad. du grec de Theodorite Evêque de Cyropolis par Matthée & Bouchet. *Paris,* 1569. *in* 16.

1725 Vita Sancti Ignatii, per Maffeium. *Parif.* 1557. *in* 24.

1725 * Requête, Procès-verbaux & pieces de l'Université contre les Jesuites. 1644. *in* 8.

1726 L'Histoire de la Congregation des Filles de l'Enfance de J. C. 1687. *in* 8.

1727 Trefor des Reliques de l'Abbaye de S. Denis, par Millet. *Paris,* 1646. *in* 12.

1728 Histoire des Flagellans, trad. du latin de Jacques Boileau. *Amst.* 1701. *in* 12.

1729 Histoire des Vaudois & Albigeois, par Perrin. *Geneve*, 1618. *in* 8.

1729 * Zifka le redoutable Aveugle, Capitaine general des Bohemiens Evangeliques; avec l'Histoire des Guerres de Religion dans la Boheme, ensuite du Supplice de Jean Hus & Jerôme de Prague. *Leide*, 1685. *in* 12.

1730 Le Boutefeu des Calvinistes, trad. du latin. *Francfort*, 1584. *in* 8.

1731 Panegyrique de l'Henoticon, ou Edit de Réünion, par de Laurens. 1588. *in* 8.

1732 Histoire du Schifme d'Angleterre, trad. du latin de Sanderus. 1587. *in* 8.

1733 La même, trad. par Maucroix; avec les Vies des Cardinaux Polus & Campege. *Paris*, 1678. 2. *vol. in* 12.

1734 La Cabale des Réformez. *Montpellier*, 1600. *in* 8.

1735 Libre difcours fur l'état des Eglifes Réformées en France, (par d'Aubigné.) 1619. *in* 8.

1736 { Relation de l'état de la Religion, trad. de l'anglois de Sandis. *Amft.* 1641. / La fainte Chorographie, par Geffelin. *Ibid. in* 12.

1737 Explication de l'Edit de Nantes, par Bernard. *Paris*, 1666. *in* 8.

1738 Histoire abregée des Martyrs François du tems de la Réformation. *Amft.* 1684. *in* 12.

1739 Paralelle de l'Histoire du Calvinifme & du Papifme, (par Jurieu.) *Rotterd.* 1683. 4. *vol. in* 12.

1740 Nouvelles Lettres de l'Auteur de la Critique de l'Histoire du Calvinifme de Maimbourg, (Pierre Bayle.) *Villefranche*, 1685. 2. *vol. in* 12.

1741 Histoire de la Religion des Eglifes Réformées, par Bafnage. *Rotterdam*, 1690. 2. *vol. in* 8.

1742 Histoire des nouveaux Prefbiteriens Anglois & Ecoffois. *Paris*, 1660. *in* 8.

HISTORIA GRÆCA ET ROMANA,
in 8°. in 12. &c.

1743 Les Vies de Plutarque, trad. par Tallemant. *Paris*, 1671. 8. *vol. in* 12.

1744 Cornelius Nepos, Variorum. *Lugd. Batav,* 1658. *in* 8.

1745 Hiftoire des fept Sages, par Larrey. *Rotterdam*, 1714. *in* 12.

1746 Q. Curtius. *Elzevir.* 1633. *in* 12.

1747 Q. Curtius, Variorum. *Amft.* 1664. *in* 8.

1748 Arrian des Guerres d'Alexandre, trad. par d'Ablancourt. *Paris*, 1652. *in* 8. *maroq.*

1749 Lacedemone ancienne & nouvelle, par de la Guilletiere. *Paris*, 1676. 2. *vol. in* 12.

1750 Athenes ancienne & nouvelle, par le même. *Paris*, 1675. *in* 12.

1751 Hiftoire de Ptolomée Auletes, par Baudelot. *Paris*, 1698. *in* 12.

1752 Malvezzi Tyrannus in Vita Tarquinii Superbi repræfentatus, ex ital. latinè. *Elzev.* 1636. *in* 12. *maroq.*

1753 Titus Livius, cum notis Gronovii. *Elzev.* 1645. 4. *vol. in* 12.

1754 Titus Livius, Variorum. *Amft.* 1665. 3. *vol. in* 8.

1755 Supplementum Livianorum, per Freinshemium. *Holmiæ*, 1649. *in* 12.

1756 Florus, Variorum. *Lugd. Batav.* 1655. *in* 8.

1757 Florus, trad. par Monfieur. *Paris*, 1658. *in* 8.

1758 Velleius Paterculus. *Elzev.* 1639. *in* 12.

1759 Velleïus Paterculus, Variorum. *Lugd. Batav.* 1659. *in* 8.

1760 Salluftius. *Elzevir.* 1634. *in* 12.

1761 Salluftius, Variorum. *Lugduni Batavorum,* 1659. *in* 8.

1761 * Julius Cæfar. *Elzevir.* 1650. *in* 24.

1762 Julius Cæfar, Variorum. *Amft.* 1670. *in* 8.

1763 Tacitus. *Elzevir.* 1649. *in* 24.

1764 Tacitus, Variorum. *Amftelodami*, 1672. 2. *vol.*
   in 8.

1765 Suetonius. *Lugd. Batav.* 1632. *in* 12. *maroq.*

1766 Suetonius, Variorum. *Amft.* 1662. *in* 8.

1767 Hiftoire d'Herodian, trad. par Collin. *Lyon*, *de*
   Tournes, 1546. *in* 16. *maroq.*

1767 * La même. *Paris*, 1551. *in* 8.

1768 Scriptores Hiftoriæ Auguftæ, Variorum. *Lugd.*
   Batav. 1661. *in* 8.

1769 Ammian Marcellin, trad. par de Marolles. *Paris*,
   1672. 3. *vol. in* 12.

1770 Streinius de Familiis Romanorum. *Venet. Aldus*,
   1591. *in* 8.

1771 Ciaconius & alii de Triclinio. *Amftel.* 1664. *in* 12.
   figur.

1772 Oeuvres de Procope, trad. par de Mauger. *Paris*,
   1669. *in* 12.

HISTORIA FRANCICA,
in 8°. *in* 12. *&c.*

1773 Singularitez de la France, par François des Rues.
   Roüen, *in* 8.

1774 Les Rivieres de France, par Coulon. *Paris*, 1644.
   2. *vol. in* 8.

1775 Hiftoire de Normandie. *Roüen*, 1558. *in* 8.

1776 Le parfait Capitaine, ou l'Abregé des Guerres
   des Comment. de Cefar, avec un traité de l'Interêt
   des Princes, (par le Duc de Rohan.) *Paris*, 1658.
   in 12. *maroq.*

1777 Hiftoire abregée de tous les Roys de France, d'An-
   gleterre & d'Ecoffe, par Chambre. *Paris*, 1579.
   in 8.

1778 { La Biographie & Profopographie des Roys de France. *Paris*, 1586.

Hiftoire du Siege d'Orleans & de la Pucelle. *Orleans*, 1606. *in* 8.

1779 Petri Bertault Florus Gallicus, & Florus Francicus. *Parif.* 1644. *in* 12.

1780 Abregé de l'Hiftoire de France, par du Verdier. *Paris*, 1660. 2. *vol. in* 12. *maroq.*

1781 Abregé chronologique de l'Hiftoire de France. *Paris*, 1665. 2. *vol. in* 12.

1782 Sommaire de l'Hiftoire de France, par de Prade. *Paris*, 1684. 5. *vol. in* 12. *maroq.*

1783 Abregé de l'Hiftoire de France, de Mezeray. *Paris*, 1676. 8. *vol. in* 12. *maroq.*

1783 * Hiftoire avant Clovis, du même. *Amft.* 1688. *in* 12.

1784 Hiftoire de France, de Marcel. *Bruxel.* 1704. (*Paris*,) 4. *tom. en* 7. *vol. in* 12.

1785 L'Heritiere de Guyenne, par de Larrey. *Rotterd.* 1692. *in* 12.

1786 Le Cabinet du Roi Loüis XI. par de l'Hermite-Souliers. *Paris*, 1661. *in* 12.

1787 Lettres de Loüis XII. & du Cardinal d'Amboife, avec des remarques. *Bruxel.* 1712. 4. *vol. in* 8.

1788 { Vies de plufieurs grands Perfonnages depuis Loüis XII. jufqu'à Henry IV. *Paris*, 1609.

Raifons de préfeance entre la France & l'Efpagne, par Vignier. *Paris*, 1608. *in* 8.

1789 Memoires de Boivin Baron du Villars. *Lyon*, 1610. *in* 8. *maroq.*

1790 Hiftoire de nôtre temps, par Paradin. *Lyon, de Tournes*, 1558. *in* 16.

1791 Difcours fur le faccagement des Eglifes par les Calviniftes en 1562. par Cl. de Sainctes. *Verdun*, 1562. *in* 8.

1792 Recueil des chofes memorables paffées pour le fait de la Religion & Etat de ce Royaume, depuis

1563. jusqu'en 1565. (ou Memoires du Prince de Condé.) *Strasbourg*, *Eſtiart*, 1565. *&* 1566. 3. *vol. in* 8.

1793 Hiſtoire des derniers troubles de France & de Flandre. *in* 8. *ſans frontiſpice.*

1794 Le Reveil-matin des François. *Edimbourg*, 1574. *in* 8.

1795 Memoires ſous Charles IX. *Middelbourg*, 1578. 3. *vol. in* 8.

1796 Memoires de Montluc. *Paris*, 1661. 2. *vol. in* 12. *maroq.*

1797 Memoires de Henry Duc de Boüillon. *Paris*, 1666. *in* 12. *maroq.*

1798 Memoires de la Reine Marguerite. *Bruxel.* 1659. *in* 12.

1799 Les mêmes Memoires. *Paris*, 1661. *in* 12.

1800 Les mêmes Memoires : nouvelle édition augmentée. *La Haye*, 1715. 2. *tom. en* 1. *vol. in* 8.

1801 Diſcours merveilleux de la Vie de Catherine de Medicis, 1663. *in* 12.

1802 Negociation de la Paix de 1575. *Impr. en* 1576. *in* 8.

1803 { Legende de Charles Cardinal de Lorraine. *Reims*, 1576.
{ Legende de Claude de Guyſe Abbé de Cluny. 1581. *in* 8.

1804 Apologie Catholique contre les Liguez. 1586. *in* 8.

1805 Recueil de pieces de 1586. & années ſuivantes. *in* 8.

1806 Réponſe des Catholiques François à l'Avertiſſement des Catholiques Anglois. 1588. *in* 8.

1807 Le Martyre des deux Freres (de Guiſe ;) & autres pieces. 1589. *in* 8.

1808 Traité de la priſe des Armes de 1589. (par le Duc de Nevers.) *Impr. en* 1590. *in* 8.

1809 Melanges hiſtoriques de Pierre de Saint-Julien, *Lyon*, 1589. *in 8. maroq.*

1810 Satire Menippée. 1612. *in 12.*

1811 La même. *Ratisbone*, 1664. *in 12. figur.*

1812 Le Banquet & après-dînée du Comte d'Arete, par Loüis d'Orleans. 1594. *in 8.*

1813 Sermons de la ſimulée Converſion d'Henry de Bourbon, par Boucher. 1594. *in 8.*

1814 Recueil de choſes mémorables advenuës en France depuis 1547. juſqu'en 1597. ſous Henry II. François II. Charles IX. Henry III. & Henry IV. *Heden*, 1603. *in 8.*

1815 Memoires de Bellievre & Sillery, concernant la Paix de Vervins. *Paris*, 1667. 2. *vol. in 12.*

1816 Memoires de M. d'Angoulême, pour ſervir à l'Hiſtoire d'Henry III. & d'Henry IV. *Paris*, 1667. *in 12.*

1817 Negociations du Préſident Jeannin. *Holl.* 1659. 2. *vol. in 12. maroq.*

1818 Les larmes du Soldat François ſur le trepas d'Henry le Grand. *Paris*, 1611. *in 8. maroq.*

1819 Relationi del Cardinal Bentivoglio. *Bruſſelles*, 1632. *in 8.*

1820 Reprimande & Remontrance d'un fidelle Catholique. 1611. & autres piéces. *in 8.*

1821 Memoires de Villeroy. *Paris*, 1636. 4. *vol. in 8. maroq.*

1822 Remarques ſur la Vie & les ſervices de M. de Villeroy, par Matthieu. 1618. *in 24.*

1823 La Conſpiration, priſon & mort du Maréchal de Biron. *in 8.*

1824 Melanges hiſtoriques de Camuzat. *Troyes*, 1619. *in 8.*

1825 Memoires du Duc de Rohan. 1646. 2. *vol. in 12.*

1826 Supplement aux Memoires du Duc de Rohan. *Paris*, 1665. *in 12.*

1827 Mercure François ; avec une Table manuscrite. 26. *vol. in 8.*

1828 Chronologie novennaire. 3. *vol. in 8.*

1829 Chronologie septennaire. *in 8.*

1830 Ambassades de Bassompiere. *Cologne*, 1668. 2. *vol. in 12.*

1831 Memoires du même. *Cologne*, 1665. 3. *vol. in 12.*

1832 Memoires de Montbrun. *Amsterdam*, 1702. *in 12.*

1833 Histoire de Loüis XIII. par le Vassor. *Amsterd.* 1700. 10. *vol. in 12.*

1834 Recueil de pieces de 1644. *in 8.*

1835 Memoires de Deageant. *Grenoble*, 1668. *in 12.*

1836 Journal du dernier Siege de la Rochelle, par Mervault. *Paris*, 1648. *in 8.*

1837 Recueil de pieces sous le Connetable de Luynes : quatriéme édition. 1632. *in 8.*

1838 Codicilles de Loüis XIII, tome second. 1643. *in 24. maroq.*

1839 Histoire du Ministere du Cardinal de Richelieu. *Amst.* 1664. 3. *vol. in 12.*

1840 Histoire du Cardinal de Richelieu, par Aubery. *Cologne*, 1666. 2. *vol. in 12.*

1841 Memoires pour l'Histoire du même Cardinal, par Aubery. *Cologne*, 1667. 7. *vol. in 12.*

1842 Journal du Cardinal de Richelieu. *Amsterd.* 1664. *in 12.*

1843 Testament politique du Cardinal de Richelieu. *Amst.* 1689. *in 12.*

1844 Memoires de M. de B. Secretaire du C. D. R. *Amst.* 1711. *in 12.*

1845 Memoires de Montresor. *Cologne*, 1663. 2. *vol. in 12.*

1846 Histoire du temps. 1649. *in 8.*

1847 Memoires de M. L. D. D. N. (la Duchesse de Nemours.) *Cologne*, 1709. *in 12.*

1848 Recueil de Lettres qui peuvent servir à l'Hiſtoire; & diverſes Poëſies. *Roüen*, 1657. *in* 8.

1849 Hiſtoire de la Paix de 1659. *Cologne*, 1667. *in* 12.

1850 Recueil de pieces curieuſes pour ſervir à l'Hiſtoire, commençant à la Réponſe du Comte de Brienne aux Memoires de la Chaſtre. *Cologne*, 1664. *in* 12. *maroq.*

1851 Hiſtoire de la Monarchie Françoiſe ſous le Regne de Loüis XIV. depuis 1643. juſqu'en 1661. *Paris*, 1662. 2. *vol. in* 8.

1852 La même Hiſtoire depuis 1643. juſqu'en 1696. *Paris*, 1697. 3. *vol. in* 12.

1853 Lettres de M^rs. d'Avaux & Servien, en 1644. *Impr. en* 1650. *in* 8.

1854 L'Année Françoiſe, ou les premieres Campagnes de Loüis XIV. par Ceriziers. *Paris*, 1658. *in* 12.

1855 Remarques ſur la Réponſe du Roi aux Ambaſſadeurs d'Angleterre. 1668. *in* 12.

1856 Diſcours de la reddition de Dunkerque. 1668. & autres pieces. *in* 12.

1857 Memoires du Chevalier de Terlon. *Paris*, 1681. *in* 12.

1858 Hiſtoire du Miniſtere du Cardinal Mazarin, par Priorato. *Amſt.* 1671. 3. *vol. in* 12.

1859 Recueil de Maximes veritables pour l'inſtitution du Roi, (par Joly.) *Paris*, 1663. *in* 12.

1860 { Relation de la conduite preſente de la Cour de France, trad. de l'italien. *Cologne*, 1665. Lettre ſur la Com. de Tartuffe. Hiſt. du Roi de Talifet. *Paris*, 1670. *in* 12.

1861 Recueil hiſtorique, contenant pluſieurs pieces curieuſes de ce temps, commençant par l'Entrepriſe d'Alger. *Cologne*, 1666. *in* 12.

1862 Memoires de M. Fremont d'Ablancourt Envoyé en Portugal. *Amſt.* 1701. *in* 12.

1863 Memoires de M^r. de Lionne, 1668. *in* 12.

1864 La verité défenduë des sophismes de la France, trad. de l'italien. 1668. & autres pieces. *in* 12.

1865 Memoires & Instructions touchant les Négociations de 1668. *Impr. en* 1669. *in* 12.

1866 Conference infructueuse, pieces concernant la Lorraine. *Charleville*, 1671. *in* 12.

1867 Relation de ce qui s'est passé dans l'Amerique pendant la derniere Guerre avec l'Angleterre. *Paris*, 1671. 2. *vol. in* 12.

1868 Lettres & pieces curieuses sur les affaires du tems. *Amst.* 1672. *in* 12.

1869 { Le Prince infortuné, ou l'Histoire du Chevalier de Rohan. *Amst.* 1713.
Vie du Duc de Marlbouroug, & du Prince Eugene. *Amst.* 1714. *in* 12.

1878 Relations des Campagnes de Rocroy & de Fribourg. *Paris*, 1673. *in* 12.

1871 Relation des Campagnes de 1674. & 75. *Paris*, 1676. *in* 12.

1872 Violences exercées au Palatinat en 1673. & 74. *Cologne*, 1675. *in* 12.

1873 Memoires pour servir à l'Histoire du tems. *Colog.* 1676. *in* 12.

1874 Negociations de la Paix entre le Roi & les Couronnes du Nord. *Villefranche*, 1679. *in* 12.

1875 Abregé de la Vie de M^r. de Turenne. *Villefranche*, 1680. & autres pieces. *in* 12.

1876 Procès-verbal entre les Procureurs des deux Roys à la Conference de Courtray. 1681. & autres pieces. *in* 12.

1877 Lettres sinceres d'un Gentilhomme François. *Cologne*, 1681. *in* 12.

1878 Memoires de M. de la Fare. *Rotterdam*, 1716. *in* 12.

1879 Histoire des promesses illusoires depuis la Paix des Pyrenées. *Cologne*, 1684. & autres pieces. *in* 12.

1880 La conduite de la France depuis la Paix de Nimegne. *Cologne*, 1684. *in* 12.

1881 Le Prince de Condé, par Bourfault. *Paris*, 1683. *in* 12.

1882 {
Relation de ce qui s'eft paffé à Conftantinople avec M^r. de Guilleragues Ambaffadeur de France. *Holl.* 1682.
Mars Chriftianiffimus, ou apologie des Armes du Roi. *Cologne*, 1684. & autres pieces. *in* 12.

1883 Lettres d'un Suiffe à un François. *Bafle*, 1704. *in* 12.

1884 Guerre d'Italie, d'Efpagne & de Baviere, ou Memoires du Comte de ** *Cologne*, 1707. 2. *vol.* *in* 12. *figur.*

1885 Campagne du Maréchal de Villars de 1712. *Paris*, 1713. *in* 12.

1886 Campagne du même de 1713. *Paris*, 1715. *in* 12.

1887 Hiftoire de Loüis XIV. par de Larrey. *Liege*, 1723. 8. *vol. in* 12. *manque le tome* 6.

1888 La Monarchie univerfelle de Loüis XIV. par Leti. *Amft.* 1689. 2. *vol. in* 12.

1889 Memoires du Chancellier de l'Hofpital. *Cologne*, 1672. *in* 12.

1890 Memoires de Beauvais-Nangis. *Paris*, 1665. *in* 12.

1891 Le Cabinet du Roi de France, dans lequel il y a trois perles précieufes, &c. 1582. *in* 8.

1892 {
Détail de la France, (par de Boifguillebert.) 1695.
Le Bouclier de la France, (ou l'efprit de Gerfon.) *Cologne*, 1691. *in* 12.

1893 Le Détail de la France. 1707. 2. *vol. in* 12.

1894 Du Puy de la Majorité de nos Roys. *Amft.* 1722. 2. *tomes en* 4. *vol. in* 8.

1895 Examen du Difcours publié contre la Maifon Royale de France. *Paris*, 1587. *in* 8.

1896

1896 Hiftoire de la véritable origine de la troifiéme Race des Rois de France, par le Duc d'Efpernon. *Paris*, 1679. *in* 12.

1897 Alexandri Patricii Armacani (Janfenii) Mars Gallicus. 1639. *in* 12.

1898 Le Mars François, trad. (par Herfent.) *in* 12.

1899 L'Homme du Pape & du Roi. *Bruxelles*, 1636. *in* 8.

1900 Traitez entre la France & les Etats Etrangers. 1650. *in* 12.

1901 Traitez entre les Couronnes d'Efpagne & de France. *Anvers*, 1664. *in* 12.

1902 Memoires & inftructions concernant les Droits du Roi de France. *Amft.* 1665. *in* 12.

1903 Les affaires qui font aujourd'hui entre les Mai-fons de France & d'Auftriche. *Paris*, 1662. *in* 12. *maroq.*

1905 Dialogue fur les Droits de la Reine. 1667. *in* 12.

1906 Remarques fervant de Réponfe aux Ecrits contre les Droits de la Reine. *Paris*, 1667. *in* 12.

1904 Traité des Droits de la Reine, *Paris*, *de l'Impr. Royale*, 1667. *in* 12.

1907 Obfervationes ad duos Tractatus adversùs Reginæ Chriftianæ Jus in Brabantiam. *Parifiis*, 1667. *in* 12.

1908 Lettre d'un Gentilhomme Liégeois contre l'Au-teur des Remarques fur les Droits de la Reine fur le Brabant. *Liege*, 1668. *in* 12.

1909 Remarques fur le procedé de la France touchant la négociation de la Paix ; & autres pieces. *in* 12.

1910 La France politique. *Charleville*, 1672. *in* 12.

1911 Traité de la Politique de France, (par du Chafté-let.) *Utrecht*, 1670. *in* 12.

1912 Reflexions fur les 2. & 3. chapitres de la Politique de France, par de l'Ormegrigny. *Cologne*, 1671. *in* 12.

1913 Hiſtoire ſecrete des intrigues de la France en diverſes Cours de l'Europe, trad. de l'anglois. *Londres,* 1713. *&* 1715. 2. *vol. in*-8.

1914 {
Les faits &. dits memorables de pluſieurs Seigneurs François. 1565.
Le Tocſin contre les Maſſacreurs ; & autres pieces. *in* 8. *maroq.*
}

1915 Les Hommes illuſtres François qui ſont peints dans la Galerie du Palais Cardinal de Richelieu, par de la Colombiere. *Paris,* 1669. *in* 12. *figur.*

1916 Hiſtoire des Reines Jeannes Comteſſes de Provence. *Paris,* 1700. *in* 12.

1917 Hiſtoire des Miniſtres d'Etat, par Auteüil. *Paris,* 1668 2. *vol. in* 12. *fig.*

1918 Le Comte de Dunois. *Paris,* 1671. *in* 12.

1919 Le Duc de Guiſe, ſurnommé le Balafré. *Paris,* 1694. *in* 12.

1920 Le Connetable de Montmorency. *Paris,* 1697. *in* 12.

1921 Le portrait du Marêchal de Gaſſion, par du Prat. *Paris,* 1664. *in* 12.

1922 Les Corſes François, contenant l'Hiſtoire general des Seigneurs Corſes affectionnez à la France, par le Chevalier de l'Hermite-Souliers. *Paris,* 1667. *in* 12. *maroq.*

1923 Du Rapel des Juifs. 1643. *in* 8.

1924 Abregé du procès fait aux Juifs de Metz. *Paris,* 1670. *in* 12.

HISTORIA ITALICA, *in* 8°.
in 12. *&c.*

1925 Diſcours politique de l'Etat de Rome. 1626. *in* 8.

1926 Negociations à la Cour de Rome depuis 1644. juſqu'en 1654. par Linage de Vauciennes. *Paris,* 1676. *in* 12.

1927 Relation de la Cour de Rome faite en 1661. *Leyde*, 1663. *in* 12.

1928 Memoires des intrigues de la Cour de Rome depuis 1669, jufqu'en 1676. *Paris*, 1677. *in* 12.

1929 Cæleftini Guicciardini Mercurius Campanus, præcipua Campaniæ Felicis loca indicans. *Neap.* 1667. *in* 12.

1930 La Vie de Cefar Borgia, Duc de Valentinois, trad. de l'italien de Thomafi. 1671. *in* 12.

1931 Differend des Barberins avec Innocent X. par de Vauciennes. *Paris*, 1678. *in* 12.

1932 Les Delices de l'Italie. *Paris*, 1707. 4. *vol. in* 12. *figur.*

1933 Regno d'Italia fotto i Barbari, del Conte Emanuel Tefauro. *Venet.* 1667. *in* 12. *figur.*

1934 Memoires concernant les dernieres Guerres d'Italie, par Silhon. *Paris*, 1669. 2. *vol. in* 12. *maroq.*

1935 Hiftoria delle ultime Rivolutioni di Napoli, da Agoft. Nicolai. *Amft.* 1660. *in* 8.

1936 Hiftoire des Revolutions du Royaume de Naples, par le Comte de Modene. *Paris*, 1665. *in* 12.

1937 Relation des Mouvemens de la Ville de Meffine. *Paris*, 1676. *in* 12.

1938 Jo. Bapt. Veri Rerum Venetarum libri 4. *Elzevir.* 1644. *in* 12.

1939 Hiftoire de la République de Venife, trad. de l'italien de Nani par Tallemant. *Cologne*, 1682. 4. *vol. in* 12.

1940 Hift. delle cofe paffate trà Paolo V. & la Republica di Venetia, dal Padre Paolo. *Mirandola.* 1675. *in* 12.

1941 Supplication aux Princes Chrétiens fur les caufes d'affembler un Concile contre Paul V. par de Marbais. *Leyde*, 1613. *in* 12.

1942 { Des Magiftrats & Republique de Venife, par Contarin, trad. par Charrier. *Paris*, 1544. Le même traité latin. *Bafle*, 1547. *in* 8.

1943 Examen de la Liberté originaire de Venise, trad. de l'italien (par Amelot de la Houssaie.) *Ratisbone*, 1677. *in* 12.

1944 Histoire du Gouvernement de Venise, par Amelot de la Houssaie. *Paris*, 1676. *in* 8.

1946 La Politique civile & militaire des Venitiens. *Cologne*, 1669. *in* 12.

1947 Vita del Padre Paolo ; con l'Hist. dell'Inquisitione, &c. *Venet.* 1658. *in* 12.

1948 La même Vie du P. Paul , trad. en françois. *Amst.* 1663. *in* 12.

1949 Antichità di Pozzuolo, da Capaccio. *Roma*, 1652. *in* 8. *figur.*

1950 Anecdotes de Florence , ou Histoire secrete de la Maison de Medicis, par Varillas. *La Haye* , 1685. *in* 12.

1951 { Le Gouvernement du Duc d'Ossone dans l'Etat de Milan. *Cologne* , 1678. Memoires de la Vie de François Dusson. *Amst.* 1677. *in* 12.

1952 Memoires de la Negociation de M. de Savoye. 1589. *in* 8.

1953 Relation de l'état present des Cours de Savoye & de Baviere , par Chapuzeau. *Paris* , 1673. *in* 12.

1954 Histoire de la Maison de Savoye, par Blanc. *Lyon*, 1677. 3. *vol. in* 12.

1955 { Vie du Prince Eugene. *La Haye* , 1702. Lettres sur ce qui s'est passé à Cremone en 1702. *Cologne* , 1702. *in* 12.

HISTORIA GERMANICA,
in 8°. *in* 12. &c.

1956 Etat de l'Empire, par du May. *Paris*, 1660. *in* 12.

1957 Etat de l'Empire d'Allemagne, de Monzambano, trad. par d'Alquié. *Amst.* 1669. *in* 12.

1958 Etat present des affaires d'Allemagne. *Paris*, 1675. *in* 12. *maroq.*

1959 Abregé de l'Hiftoire d'Allemagne, par de Rocoles. *Cologne*, 1679. *in* 12.

1960 Bertii Commentarii Rerum Germanicarum. *Amst.* 1635. 3. *vol. in* 12. *maroq.*

1961 Hiftoire de l'Empire d'Allemagne, par de Rocoles, *La Haye*, 1681. *in* 12.

1962 Hift. delle Guerre della Germania inferiore, di Jeron. Coneftagio. 1634. *in* 8.

1963 Principis Furftembergii violenta abductio & injufta detentio. *Antverp.* 1674. *in* 12.

1964 { Remarques au fujet de l'Enlevement du Prince de Furftemberg.
Le tombeau des Controverfes. *Amfterdam*, 1673. *in* 12.

1965 L'Apologifte refuté, ou réponfe à la juftification des Guerres de France contre Sa Majefté Imperiale. *Cologne*, 1674. *in* 12.

1966 L'Empereur & l'Empire trahis, par qui, & comment. *Cologne*, 1680. *in* 12.

1967 La Politique de la Maifon d'Auftriche, par Varillas. *Paris*, 1688. *in* 12.

1968 Le Lutheranifme abjuré par la Princeffe de Deuxponts. *Paris*, *de l'Imp. royale*, 1700. *in* 12.

1969 Vie de Bernard van Galen Evêque de Munfter. *Cologne*, 1679. *in* 12.

1970 La même. *Leyde*, *in* 12. *figur.*

HISTORIA BELGICA,
in 8º. *in* 12. &c.

1971 La Legende des Flamans & Artefiens. *Paris*, 1558. *in* 8.

1972 Origo & Hiftoria Belgicorum Tumultuum, auctore Eremundo. *Amft.* 1641. *in* 12.

1973 Strada de Bello Belgico. *Lugd. Batav.* 1645. 2. *vol. in* 12. *figur.*

1974 Guerra di Fiandra, defcritta dal Card. Bentivoglio. *Colonia*, 1635. 3. *vol. in* 8.

1975 Les Delices de la Hollande, par de Parival. *Paris*, 1665. *in* 12.

1976 Hiftoire des Comtes de Hollande. *La Haye*, 1664. *in* 12.

1977 Crucii Mercurius Batavus, five Epiftolarum libri V. *Amft.* 1650. *in* 12.

1978 Hiftoire de la Republique des Provinces-Unies, jufqu'à la mort de Guillaume III. *La Haye*, 1704. 4. *vol. in* 12.

1979 Remarques fur l'état des Provinces-Unies des Pays-Bas, trad. de l'anglois du Chevalier Temple. *La Haye*, 1674. *in* 12.

1980 Pierre de touche des veritables interêts des Provinces-Unies des Pays-Bas. *Dordrecht*, 1647. *in* 8.

1981 Memoires de la Vie de Madame . . . . . contenant plufieurs particularitez du Gouvernement d'Hollande. *La Haye*, 1710. *in* 12.

1982 La Religion des Hollandois. *Cologne*, 1673. *in* 12.

1983 La veritable Religion des Hollandois, par J. Brun. *Amft.* 1675. *in* 12.

1984 Vie de Ruyter. *Amft.* 1677. 2. *vol. in* 12.

1985 Memoires d'Aubery du Maurier. *Au Maurier*, 1680. *in* 8. *maroq.*

1986 Memoires de Jean de Wit, trad. du flamand.
La Haye, 1709. *in* 12.
1987 Portrait d'Henry de Naſſau. *in* 12.
1988 Hiſtoire des Princes d'Orange. *Amſterd.* 1692.
in 12.

HISTORIA LOTHARINGICA,
in 8°. *in* 12. *&c.*

1989 Memoires de Beauvau. *Cologne*, 1688. *in* 12.
1990 Teſtament politique de Charles Duc de Lorraine.
Lipſic, 1696. *in* 12.

1991 { Teſtament politique de Charles Duc de Lorrai-
ne. *Lipſic*, 1696.
Oraiſon funebre du Cardinal de Tournon. 1712.
in 12.

HISTORIA HELVETICA,
in 8°. *in* 12. *&c.*

1992 Republique des Suiſſes, trad. de Simler. *Anvers*,
1579. *in* 8.
1993 Politique des Suiſſes dans leur neutralité concluë
en 1689. *Liege*, 1689. *in* 12.

HISTORIA HISPANICA, ET
LUSITANICA, *in* 8°. *in* 12. *&c.*

1994 Les Delices de l'Eſpagne & du Portugal. *Leyde*,
1707. 5. *vol. in* 12. *figur.*
1995 Etat preſent d'Eſpagne, l'origine des Grands;
avec un Voyage d'Angleterre. *Villefranche.* 1717.
in 12.

1996 Abregé de l'Hiſtoire d'Eſpagne, par du Verdier: *Paris*, 1659. 2. *vol. in* 12. *maroq.*

1997 Relation de l'invaſion d'Eſpagne par les Maures: *La Haye*, 1703: *in* 12.

1998 Memorial preſenté au Roi d'Eſpagne par D. Bernardino de Cardeñas Evêque de Paraguay, trad. de l'eſpagnol. 1662. *in* 12.

1999 Recueil des actions & dits de Philippes II. Roi d'Eſpagne, traduit de l'eſpagnol: *Cologne*, 1671. *in* 12.

2000 Relation de ce qui s'eſt paſſé en Eſpagne en la diſgrace du Duc d'Olivarez, avec l'Hiſtoire de pluſieurs autres Favoris. *in* 12.

2001 Hiſtoire du Miniſtere du Comte Duc d'Olivarez. *Cologne*, 1673. *in* 12.

2002 Relation des differends arrivez en Eſpagne entre Jean d'Auſtriche & le Cardinal Nitard. *Paris*, 1677. 2. *vol. in* 12.

2003 Hiſtoire de la Cour de Madrid. *Liege*, 1719. 2. *vol. in* 12.

2004 Memoires touchant la Succeſſion à la Couronne d'Eſpagne. 1711. *in* 8.

2005 Hiſtoire de Portugal, trad. d'Oſorius. 2. *vol. in* 8. *maroq.*

2006 La Liberté de Portugal, trad. de l'eſpagnol. 1641. *in* 12.

2007 Relation des Troubles de Portugal en 1667. & 68. *Paris*, 1674. *in* 12.

2008 Hiſtoire de la réünion du Royaume de Portugal au Royaume de Caſtille, trad. de l'italien de Coneſtagio. *Paris*, 1680. 2. *vol. in* 12. *maroq.*

HISTORIA BRITANNICA,
in 8°. *in* 12. *&c.*

2009 Hermannidæ Britannia Magna. *Amstelod.* 1661. *in* 12.

2010 Histoire naturelle d'Angleterre, traduite de l'anglois de Childrey par Briot. *Paris*, 1667. *in* 12.

2011 Etat present de l'Angleterre, trad. de l'anglois de Chamberlaine. *mst.* 1669. 2. *vol. in* 12.

2012 Introduction à l'Histoire d'Angleterre, trad. de l'anglois du Chevalier Temple. *Amsterdam*, 1695. *in* 8. *figur.*

2013 Polydori Vergilii Historia Anglica. *Lugd. Batav.* 1651. *in* 8.

2014 Hornius de Rebus Britannicis. *Lugd. Batav.* 1648. *in* 8.

2015 Abregé de l'Histoire d'Angleterre, par du Verdier. *Paris*, 1661. 3. *vol. in* 12. *maroq.*

2016 Abregé de l'Histoire d'Angleterre. *La Haye*, 1695. *in* 12. *figur.*

2017 Fr. Baconi Hist. Henrici VII. Regis Angliæ. *Lugd. Batav.* 1647. *in* 12.

2018 Le Pretendant, ou le faux Duc d'Yorck sous Henry VII. *Cologne*, 1716. *in* 12.

2019 Fragmenta Regalia, ou le Caractere d'Elizabeth & de ses Favoris, trad. de l'anglois de Naunton par Pelletier. *Rouen*, 1683. *in* 12.

2020 Vie d'Elizabeth Reine d'Angleterre, trad. de Leti. *Amst.* 1695. 2. *vol. in* 12.

2021 Le Martyre de la Reine d'Ecosse. *Anvers*, 1588. *in* 8. *maroq.*

2022 Jacobi Regis Angliæ Apologia pro juramento fidelitatis. *Lond.* 1609. *in* 12.

Q

2023 Motus Britannici. *Rotterod.* 1947. *in* 8.

2024 Abregé des derniers Mouvemens d'Angleterre. *Anvers*, 1651. *in* 12.

2025 Tragicum Theatrum Actorum Londini celebratorum. *Amst.* 1649. *in* 8. *figur.*

2026 Imago Caroli in suis ærumniis & solitudine. *Hagæ Comit.* 1649. *in* 12.

2027 Portrait du Roi de la Grande Bretagne dans sa solitude. *Paris*, 1649. *in* 12.

2028 Réponse au Portrait du Roi d'Angleterre durant sa solitude, trad. de l'anglois de Milton. *Londres*, 1652. *in* 12.

2029 Histoire du procès de Charles Stuart. *Londres*, 1650. *in* 12.

2030 Defensio Regia pro Carolo primo, per Salmasium. 1650. *in* 12.

2031 Jo. Miltoni pro Populo Anglo Defensio contra Salmasium. *Lond.* 1651. *in* 12.

2032 Apologia pro Rege & Populo Anglicano contra Miltoni Defensionem. *Antverp.* 1651. *in* 12.

2033 Polemica, seu Supplementum ad dictam Apologiam. 1653. *in* 12.

2034 Regii sanguinis clamor ad Cœlum. *Hagæ Comit.* 1652. *in* 12.

2035 Metamorphosis Anglorum. 1653. *in* 12.

2036 Miltoni Defensio secunda pro Populo Anglicano. *Hagæ*, 1654. *in* 12.

2037 Alexandri Mori fides publica contra Miltonum. *Hagæ Comit.* 1654. *in* 12.

2038 Ratio constitutæ nuper Reipublicæ in Anglia. *Hagæ Comit.* 1654. *in* 12.

2039 Caspari Ziegleri circà Regicidium Anglorum exercitationes. *Lugd. Batav.* 1653. *in* 12.

2040 Elenchus Motuum nuperorum in Anglia, per Georg. Bateum. *Amst.* 1663. *in* 12.

2041 La Tyrannie heureuse, ou Cromwel politique, par Galardy. *Leyde*, 1671. *in* 12.

2042 Vie du Duc d'Albemarle, trad. de l'anglois de Gumble. *Roüen*, 1672. *in* 12.

2043 Memoires de la Cour d'Angleterre par M^e. . . . (M^e. d'Aunoy.) *La Haye*, 1695. *in* 12.

2044 Les interêts de l'Angleterre mal entendus dans la Guerre presente, trad. de l'anglois. *Amsterdam*, 1703. *in* 12.

2045 Consultation de l'Oracle, pour sçavoir si le Prince de Galles est supposé ou legitime. 1688. *in* 12.

2046 Refutation de l'Histoire du Droit hereditaire de la Couronne de la Grande Bretagne en faveur du Prince de Galles, trad. de l'anglois. *La Haye*, 1714. 2. *tom. en* 1. *vol. in* 8.

2047 La conduite de Marlbouroug dans la presente Guerre, trad. de l'anglois. *Amst.* 1714. *in* 12.

2048 Histoire naturelle d'Irlande, trad. de l'anglois de Gerard Boat. *Paris*, 1666. *in* 12.

2049 Rerum nuper in *Scotia* gestarum Historia, per Irenæum Philalethen Eleutherium. *Dantisci*, 1641. *in* 12.

HISTORIA SEPTENTRIONALIS,
in 8º. *in* 12. *&c.*

2050 Olai Magni Historiæ Gentium Septentrionalium breviarium. *Lugd. Batav.* 1652. *in* 12.

2051 Memoires de ce qui s'est passé en Suede depuis 1649. jusqu'en 1652. tirez des dépêches de M. Chanut, par Linage de Vauciennes. *Cologne*, 1677. 3. *vol. in* 12.

2052 Description de la Livonie. *Utrecht*, 1705. *in* 12.

2053 L'état de l'Empire de Russie, par Margeret. *Paris*, 1669. *in* 12.

2054 Relation de la Rebellion de Stenko-Rasin contre le Grand-Duc de Moscovie. *Paris*, 1672. *in* 12.

2055 { Discours sur l'Histoire des Polonois. *Paris*, 1573.
Du Droit de Succession au Portugal appartenant à la Reine Catherine de Medicis. *Anvers*, 1582. *in* 8.

2056 { Histoire de la Guerre des Cosaques contre la Pologne, par Chevalier. *Paris*, 1663.
Relation du Naufrage d'un Vaisseau Hollandois sur la côte de Kelpaerts, trad. de l'hollandois. *Paris*, 1670. *in* 12.

2057 La même Histoire de la Guerre des Cosaques, &c. *Paris*, 1668. *in* 12.

2058 L'origine du soulevement des Cosaques contre la Pologne, par Linage de Vauciennes. *Paris*, 1674. *in* 12.

2059 Lettres de Mr. S. L. Seigneur Polonois. *Ratisbonne*, 1683. *in* 12.

2060 Histoire des Dietes de Pologne, par de la Bizardiere. *Paris*, 1697. *in* 12.

2061 Deux discours sur la Guerre de Hongrie & sur la Paix entre Leopold I. & Mahomet IV. par Loüis du May. *Montbeliard*, 1665. *in* 12.

2062 Histoire du Comte de Tekeli. *Cologne*, 1697. *in* 12.

HISTORIA REGIONUM EXTRA EUROPAM, *in* 8º. *in* 12. &c.

2093 Histoire de l'état present de l'Empire Ottoman, trad. de l'anglois de Ricaut par Briot. *Rotterd.* 1670. *in* 12. *figur.*

2064 Etat present de l'Empire Ottoman, trad. de Ricault avec des remarques par Bespier. *Rouen*, 1677. 2. tom. en 1. vol. *in* 12.

2065 Abregé de l'Histoire des Turcs, par du Verdier. *Paris*, 1665. 3. *vol. in* 12.

2066 Histoire de la derniere Revolution des Etats du Grand Mogol, par Bernier. *Paris*, 1670. 2. *vol. in* 12.

2067 Religion ou Theologie des Turcs, par Ecchiale Mufti; trad. de l'arabe. *Bruxelles*, 1704. 2. *tomes en* 1. *vol. in* 12. *figur.*

2068 Histoire de la Conquête du Royaume de Jerusalem sur les Chrétiens par Saladin; trad. d'un ancien Manuscrit Arabe. *Paris*, 1679. *in* 12.

2069 Histoire de Mahomet II. par Guillet. *Paris*, 1681. 2. *vol. in* 12. *maroq.*

2070 Vie & avantures de Zizime fils de Mahomet II. *Paris*, 1704. *in* 12.

2071 Le Couronnement de Soliman III. Roi de Perse, par Chardin. *Paris*, 1671. *in* 12. G. P. *fig. maroq.*

2072 Histoire des deux Vizirs Coprogli, par Chassepol. *Paris*, 1676. *in* 12.

2073 Cara Muftapha Grand-Vizir. *Paris*, 1684. *in* 12.

2074 Etat present de l'Archipel. *Cologne*, 1678. 2. *tom. en* 1. *vol. in* 12.

2075 Frammenti historici della Guerra di Candia & di Dalmazia, da Sertonaco Anticano. *Bologna*, 1647. & 49. 2. *vol. in* 12.

2076 Voyage du Marquis Ville au Levant, ou Histoire du Siege de Candie; par Joseph du Cros. *Paris*, 1669. 2. *vol. in* 12.

2077 Histoire des Indes Orientales & Occidentales, trad. de l'espagnol d'Acosta par Regnault. *Paris*, 1616. *in* 8.

2078 Histoire de la Conquête des Isles Moluques, trad. de l'espagnol d'Argensola. *Amsterdam*, 1706. 3. *vol. in* 12. *figur.*

2079 Histoire de la Chine, trad. de l'espagnol de Mendoce par de la Porte. *Paris*, 1588. *in* 8.

2080 Martin. Martinius de Bello Tartarico. *Amſtelod.*
    1655. *in* 12. *figur.*

2081 Ambaſſade de la Compagnie Hollandoiſe des In-
    des au Japon. *Leyde*, 1686. 2. *vol. in* 12.

2082 Iſmaël Prince de Maroc. *Paris*, 1698. *in* 12.

2083 Vie du Roi Almanſor, trad. de l'arabe d'Ali
    Abençufian. *Paris*, 1699. *in* 12.

2084 Hiſtoire de la premiere Découverte & Conquête
    des Canaries, par de Bethencourt. *Paris*, 1630.
    in 8.

2085 Hiſtoire des Indes Occidentales, trad. de l'eſpa-
    gnol de las Caſas. *Lyon*, 1642. *in* 8.

2086 Hiſtoire des Avanturiers Flibuſtiers qui ſe ſont
    ſignalez dans les Indes, par Oexmelin. *Paris*, 1688.
    2. *vol. in* 12. *figur.*

2087 Hiſtoire de la Nouvelle France, par Leſcarbot.
    Paris, 1618. *in* 8.

2088 Relation de ce qui s'eſt paſſé en la Nouvelle Fran-
    ce depuis 1635. juſqu'en 1668. *Paris*, 1636. & *ſuiv.*
    11. *vol. in* 8.

2089 Nouvelle Découverte d'un très-grand Pays ſitué
    dans l'Amerique, par Hennepin. *Utrecht*, 1697. 2.
    vol. in 12. *figur.*

2090 Hiſtoire de ce qui s'eſt paſſé au Royaume de Ti-
    bet en 1626. *Paris*, 1629. *in* 8.

PEREGRINATIONES,
in 8°. *in* 12. &c.

2091 Recueil de Voyages qui ont ſervi à l'établiſſement
    de la Compagnie des Indes Orientales. *Amſt.* 1702.
    5. *vol. in* 12. *figur.*

2092 Voyage de Gautier Schouten aux Indes Orienta-
    les, *Amſt.* 1707. 2. *vol. in* 12. *figur.*

2093 Nouveau Voyage autour du Monde, traduit de
    l'anglois de Dampier. *Amſt.* 1698. 2. *vol. in* 12. *figur.*

2094 Voyages de Villamont. *Paris*, 1601. *in 8.*

2095 Voyage d'Italie, Dalmatie, Grece & Levant, par Spon & Wheler. *Lyon*, 1678. 3. *vol. in 12. figur.*

2096 Lettre écrite sur le Voyage de Grece de Spon. *Paris*, 1679. *in 12.*

2097 Voyage de Wheler en Dalmatie, &c. trad. de l'anglois. *Anvers*, 1689. *tom.* 1. *in 12. figur.*

2098 Voyages de l'Europe, par Jordan. *Paris*, 1701. 8. *tom. en 4. vol. in 12.*

2098 * Ambassades du Comte de Carlisle, traduites de l'anglois de Gumble par Miege. *Amsterdam*, 1669. *in 12.*

2099 Golnitzii Ulysses Belgico-Gallicus, seu Itinerarium Belgico-Gallicum. *Lugd. Batav.* 1655. *in 12.*

2100 Voyages de Payen. *Paris*, 1667. *in 12.*

2101 Voyages de Ch. Patin. *Lyon*, 1674. *in 12. figur.*

2102 Voyage de M. le Prince de Condé en Italie. *Lyon*, 1635. *in 12.*

2103 Voyage d'Italie, trad. de l'anglois de Richard Lassels. *Paris*, 1671. 2. *vol. in 12. maroq.*

2104 Voyage d'Italie curieux & nouveau. *Lyon*, 1681. *in 12.*

2105 Voyage d'Italie & de Grece, par Mirabal. *Paris*, 1698. *in 12.*

2106 Nouveau Voyage d'Italie, par Misson. *La Haye*, 1702. 3. *vol. in 12. figur.*

2107 { Memoires curieux d'un nouveau Voyage d'Italie. *La Haye*, 1702.
{ Matilde, ou les Amours du Duc de . . . *Liege*, 1702. *in 12.*

2108 Le fidel Conducteur pour les Voyages de France, d'Angleterre, d'Allemagne, & d'Espagne, par Coulon. *Paris*, 1654. *in 8.*

2109 Voyage de France & d'Italie, fait en 1660. & 61. par un Gentilhomme François (Maximilien Grangier de Liverdys.) *Paris*, 1667. *in 8.*

2110 Hegenitii Itinerarium Frisio-Hollandicum, &

Ortelii Itinerarium Gallo-Brabantic. *Lugd. Batav.* 1630. *in 18.*

2111 Voyage des Pays Septentrionaux, par de la Martiniere. *Paris,* 1671. *in 12. figur.*

2112 { Relation d'un Voyage d'Espagne. *Paris,* 1664.
Voyage de Mercure, Satire en vers par Furetiere. *Paris,* 1662. *in 12.*

2113 Voyage d'Espagne. *Cologne,* 1667. *in 12.*

2114 Relation d'un Voyage en Angleterre, par Sorbiere. *Paris,* 1664. *in 12.*

2115 Le même. *Cologne,* 1666. *in 12.*

2116 Memoires du Chevalier de Beaujeu, contenant ses Voyages en Pologne, &c. *Paris,* 1698. *in 12.*

2118 Recueil de Voyages au Nord. *Amst.* 1716. 3. *vol. in 12. figur.*

2119 Relations du Levant, publiées par Moreri. *Lyon,* 1671. *in 12.*

2120 Voyage du Marquis Ville au Levant. *Amst.* 1671. *in 12.*

2124 Voyages de Texeira, ou Histoire des Roys de Perse ; trad. de l'espagnol par Cotolendi. *Paris,* 1681. 2. *tom. en 1. vol. in 12. maroq.*

2125 Voyages de Chardin. *Amst.* 1711. 10. *tom. en 8. vol. in 12. figur.*

2126 Voyage par terre de Paris à la Chine, par de Feynes. *Paris,* 1630. *in 8. maroq.*

2127 Voyage d'Orient, trad. du latin du P. Philippes par le Pere de S. André. *Lyon,* 1669. *in 8.*

2128 Voyage de Paul Lucas au Levant. *Paris,* 1704. 2. *vol. in 12. figur.*

2129 Relation d'un Voyage des Indes Orientales, par Dellon. *Paris,* 1685. 2. *vol. in 12.*

2130 Le même Voyage de Dellon, avec la Relation de l'Inquisition de Goa, & l'Histoire des Dieux de l'Antiquité. *Cologne,* 1709. 3. *tom. en 2. vol. in 12. figur.*

2131 Histoire du Serrail & de la Cour du Grand Seigneur, par Baudier. *Roüen*, 1642. *in* 8. *imp.*

2132 Relation de la captivité & liberté d'Emanuel d'Aranda. *Paris*, 1665. *in* 12.

2133 Voyage de Mauritanie, par Frejus. *Paris*, 1670. *in* 12.

2134 Voyage d'Egypte, par Vansbeb. *in* 12. *sans frontispice.*

2135 Nouveau Voyage de l'Amerique, par le Baron de la Hontan. La *Haye*, 1703. 2. *vol. in* 12. *figur.*

2136 Relation du Voyage de M^r. de Bretigny en l'Amerique Occidentale, par Boyer. *Paris*, 1654. *in* 8.

2137 Nouvelles de l'Amerique, ou le Mercure Americain. *Roüen*, 1678. *in* 12.

2138 Voyages de Thomas Gage dans la nouvelle Espagne, trad. de l'anglois par Hues O Neil (Adr. Baillet.) *Paris*, 1676. 3. *vol. in* 12.

2139 Avantures de Jacques Sadeur en la Terre Australe. *Paris*, 1705. *in* 12.

T R A C T A T U S   E T   F O E D E R A,
in 8°. *in* 12. *&c.*

2140 Tractatus historico-politicus de Pace Monasteriensi. *Coloniæ*, *in* 8.

2141 Recueil de tous les Traitez conclus à Munster 1650. *in* 8.

2142 Negociations de Paix faites à Francfort ; avec des Remarques sur la reddition de Dunkerque, &c. *Paris*, 1659. *in* 12.

2143 Actes & Memoires de la Paix de Nimegue. *Amst.* 1679. 2. *vol. in* 12.

2144 Histoire des Negociations de Nimegue, par de Saint-Disdier. *Paris*, 1680. *in* 12.

R

2145 Actes & Memoires de la Paix de Ryswick. *La Haye*, 1699. 4. *vol. in* 12.

2146 {
  Recueil de pieces touchant les Préliminaires de la Paix en 1709.

  Le Monde renversé, ou Dialogue des genies differens qui renversent le Monde. 1708. *in* 12.
}

2147 Actes & Memoires de la Paix d'Utrecht. *Utrecht*, 1713. 2. *vol: in* 12.

2148 Projet pour rendre la Paix perpetuelle en Europe, par M. l'Abbé de Saint-Pierre. *Utrecht*, 1713. 2. *vol. in* 12.

MISCELLANEA HISTORICA,
in 8°. *in* 12. &c.

2149 {
  Ceremonies Nuptiales des Nations, par de Gaya. *La Haye*, 1681.

  Recueil de pieces concernant la Pensilvanie. *La Haye*, 1684.

  Croisade des Protestans, ou projet sur l'institution des Chevaliers de S. Paul. *Cologne*, 1684.

  Apologie pour les Dialogues de l'Abbé Dangeau. *Cologne*, 1685. *in* 12.
}

2150 Salmasius de Cesarie Virorum & Mulierum Coma. *Lugd. Batav.* 1644. *in* 8.

2151 Traité des Parlemens ou Etats generaux, par Picault. *Cologne*, 1679. *in* 12.

2152 Lettres de Wicquefort, avec les Reponses de Barlée; en latin & en françois. *Amst.* 1696. *in* 12.

2153 Memoires de Brantome. *Leyde*, 1666. 7. *vol. in* 12.

2154 Memoires du même concernant les Duels. *Leyde*, 1722. *in* 12.

2155 {
Vie de plusieurs Princes illustres, par Teissier. *Amst.* 1710.
Les Amours libres des deux Freres. *Cologne,* 1709. *in* 12.
}

2156 Histoire des Favoris, par Louvet. *Lyon,* 1667. 2. *vol. in* 12.

2157 Hist. des Favorites. *Amst.* 1700. 2. *tom. en* 1. *vol. in* 12. *figur.*

2158 Histoire critique des Personnes les plus remarquables de tous les siecles, (par Bordelon.) *Paris,* 1699. 2. *vol. in* 12.

2159 La Galerie des Femmes fortes, par le P. le Moine. *Paris,* 1661. *in* 12. *figur. maroq.*

2160 Le Jeu d'Armoiries, par Oronce Finé de Brianville. *Lyon,* 1665. *in* 16.

HISTORIA LITTERARIA,
in 8°. *in* 12. *&c.*

2162 Comparaison de Platon & d'Aristote, par Rapin. *Paris,* 1671. *in* 12.

2163 Comparaison de Pindare & d'Horace, par Blondel. *Paris,* 1673. *in* 12. *maroq.*

2164 {
Vie d'Epicure, par du Rondel. *Paris,* 1679.
Methode pour bien prononcer un Discours, par Bary. *Ibid. in* 12.
}

2165 Eloges des Hommes sçavans, par Teissier. *Geneve,* 1683. 2. *vol. in* 12.

2166 Les mêmes : nouvelle édition. *Leyde,* 1715. 4. *vol. in* 8.

2167 Vie de Richer, par Baillet. *Liege,* 1714. *in* 8.

2168 Histoire de Pierre de Montmaur Professeur Royal, (par de Sallengre.) *La Haye,* 1715. 2. *vol. in* 8.

2169 Bibliotheque Françoise, par Sorel. *Paris,* 1664. *in* 12.

2171 La France sçavante, par à Beughem. *Amst.* 1683. *in* 12.

2172 Histoire de la Societé Royale de Londres, trad. de l'anglois de Sprat. *Geneve*, 1669. *in* 8.

2173 La même. *in* 8. *sans frontispice.*

2174 Bibliotheque curieuse & instructive, (par Meneftrier.) *Trevoux*, 1704. 2. *tom. en* 1. *vol. in* 12.

2175 Journal des Sçavans, depuis 1665. jusqu'à 1689. inclusivement. *Amsterdam*, 25. *vol. in* 12. *manque les années* 1680. 81. 83. 84. 85. 86.

2175 * Nouvelles de la Republique des Lettres, commençant par le Mercure sçavant de Janvier 1684. & finissant en Decembre 1687. 8. *vol. in* 12.

2176 Histoire des Ouvrages des Sçavans. 7. *vol. in* 12. *separez.*

2177 Bibliotheque universelle : *les* 14. *premiers volumes in* 12.

2178 Histoire critique de la Republique des Lettres. *Utrecht*, 1712. 7. *vol. in* 12.

2179 Reflexions sur les Jugemens des Sçavans de Baillet. *La Haye*, 1691. *in* 12.

APPENDIX,

Continens Libros in digerendo Catalogo prætermissos.

THEOLOGIA.

2180 Omelie du P. Calabre fur le *Miferere. Paris,* 1719. *in* 16.

2181 Paffages choifis de l'Ecriture Sainte, des Peres, &c. par Lambert. *Paris,* 1691. *in* 24.

2182 L'Offitio della Chiefa, trad. da Pronetti. *Parigi,* 1663. *in* 18.

2183 Prieres pendant la Meffe, &c. *Paris,* 1713. *in* 18.

2184 Heures manufcrites fur velin, avec miniatures. *in* 8.

2185 Heures manufcrites fur velin, avec miniatures. *in* 12.

2186 Heures manufcrites fur velin, avec miniatures. *in* 12.

2187 Heures à l'ufage de Chartres, imprimées fur velin, avec miniatures. *in* 8. *maroq.*

2188 Fulberti Carnotenfis opera, cum notis Car. de Villiers. *Parifiis,* 1608. *in* 8.

2189 Meditations de *Sainte Therefe* fur le *Pater,* trad. par Arnauld d'Andilly. *Paris, le Petit,* 1672. *in* 12.

2190 Les mêmes, avec le texte efpagnol. *Ibid.* 1663. *in* 12. *couvert en broderie d'or & d'argent.*

2191 De la Croix Hortulus Marianus. *Colon.* 1630. *in* 32.

2192 Conduite pour le temps de la Pentecôte, par le P. Avrillon. *Paris*, 1723. *in* 12.

2193 Formulaire de Prieres pour les Urfulines. *in* 12. *fans frontifpice.*

2194 Converfations fur des fujets de piété. *Paris*, 1723. *in* 12.

2195 La bonne Mort, trad. de l'italien de Recupito. *Paris*, 1672. *in* 12.

2196 Maximes de S. Ignace, & Sentimens de S. François Xavier. *Paris*, 1688. *in* 24.

2197 Maximes touchant le Sacrement de Pénitence. *Paris*, 1696. *in* 18.

2198 Inftruction fur le Jubilé, par Suffren. *Paris*, 1667. *in* 18.

2199 Examen general de tous les Etats, par de Saint Germain. *Paris*, 1670. *in* 12.

2200 Apologie des Dominicains Miffionnaires de la Chine, contre la Défenfe des nouveaux Chrétiens. *Cologne*, 1699. *in* 12.

2201 Pieces pour la Doctrine des Peres de l'Oratoire. 2. *vol. in* 12.

JUS CANONICUM ET CIVILE.

2202 Lettres du P. de Sainte-Marthe à l'Abbé de la Trape fur fa réponfe aux Etudes Monaftiques. *Amfterdam*, 1692. *in* 12.

2203 Recueil de pieces au fujet des Lettres précedentes. *Cologne*, 1693. *in* 12.

2204 Veritables motifs de la Converfion de l'Abbé de la Trape. *Cologne*, 1685. *in* 12.

2205 Réponfe apologetique à l'Anticoton, par Bonald. *Pont*, 1611. *in* 8.

2206 Autre réponfe à l'Anticoton, par Behotte. *Paris*, 1611. *in* 8.

SCIENTIÆ ET ARTES.

2207 Danæus de Veneficis feu Sortiariis. *Colon.* 1575. *in* 8.

2207 * Hiftoire de la Poffeffion d'une Pénitente féduite par un Magicien de Provence (Loüis Gaufridy ;) par Seb. Michaëlis. *Paris*, 1613. *in* 8.

2208 Clerk de plenitudine Mundi, ubi defenditur Cartefiana Philofophia adversùs Baconem, Hobbium & Wardum. *Lond.* 1660. *in* 8.

2209 Les Delices de la Campagne, fuite du Jardinier François. *Paris*, 1665. *in* 12.

2210 Doctrine de van Helmont touchant les Fiévres, trad. par Bauda. *Sedan*, 1652. *in* 8.

2211 Oeuvres chirurgicales de Jacques de Marque. *Paris*, 1688. *in* 8. *figur.*

2212 Le Livre neceffaire, de Barréme. *Paris*, 1694. *in* 12.

2213 Les Comptes faits, du même. *Paris*, 1708. *in* 12.

HUMANIORES LITTERÆ.

2214 Scipionis Lentuli Grammatica italica. *Romæ*, 1647. *in* 16.

2215 Recueil de pieces en profe & en vers, préfentées pour les Prix de l'Academie Françoife de 1671. 73. 75. & 77. *Paris*, 4. *vol. in* 12.

2216 Terentius, cum annot. Mureti & aliorum. *Parif.* 1576. *in* 16.

2217 Phædrus. *Parif.* 1712. *in* 18.

2218 Tablettes ou Quatrains de Matthieu, en françois & en latin. *Paris*, 1624. *in* 8.

2219 Oeuvres poëtiques de Nicolas Frenicle. *Paris*, 1629. *in* 8.

2220 Oeuvres de des Portes, avec les Pfeaumes. *Roüen*, 1594. *in* 12. *fans frontifpice.*

2221 Nouveau recueil des plus beaux Vers de ce temps. *Paris*, 1609. *in* 8.

2222 La Crême des bons Vers. *in* 8. *fans frontifpice.*

2223 Recueil des Enigmes de ce temps. *Roüen*, 1673. *in* 12.

2224 Les Tragedies de Hardy : tomes 2. & 3. *Paris*, 1625. *&* 26. 2. *vol. in* 8.

2225 Paquet de XXIII. Tragedies de differens Auteurs. *in* 12.

2226 Paquet de XXVIII. Comedies de divers Auteurs. *in* 12.

2227 Vita dell'Anima, in rima, da Bartol. à Saluthio. *Roma*, 1614. *in* 8. *figur.*

2228 Hiftoire des Dieux, ou methode pour apprendre la Fable. *Paris*, 1693. *in* 12.

2229 Les Contes de d'Ouville. *Paris*, 1644. *in* 8.

2230 Le Chaffe-ennuy, par Loüis Garon. *Paris*, 1633. *in* 12.

2231 Tombeau de la Melancholie. *in* 12.

2232 La Philofophie d'Amour, par de Humieres. *Paris*, 1622. *in* 12.

2233 Vida de Don Quixotte de la Mancha, por de Cervantes. *Amberes*, 1697. 2. *vol. in* 8. *figur.*

2234 Le Defefpoir amoureux, ou nouvelles Vifions de Don Quichotte. *Amft.* 1715. *in* 12. *figur.*

2235 Les Amours de Catulle, par de la Chappelle. *Paris*, 1680. 4. *vol. in* 12.

2236 Annales galantes, par M^e. de Villedieu. *Paris*, 1670. 4. *tom. en* 2. *vol. in* 12.

2237 La Comteffe de Mortane, (par M^c. Durand.) *Paris*, 1699. 2. *vol. in* 12.

2238 Petronille, de P. Camus Evêque de Belley. *Paris*, 1632. *in* 8.

2239 Honorat & Aurelio, du même. *Roüen*, 1630. *in* 12.

2240 Les Divertiffemens de la Princeffe Alcidiane, par M^e. de la Calprenede. *Paris*, 1661. *in* 8.

2241 La Princeffe d'Angleterre, ou la Ducheffe Reine. *Paris*, 1677. 2. *tomes en* 1. *vol. in* 12.

2242

2242 Le Roman veritable. *Paris*, 1645. 2. *tom. en* 1. *vol. in* 8.

2243 Stratonice. *Paris*, 1640. *in* 8.

2244 { Le Gage touché, Histoires galantes. *Amsterd.* 1709.
Les Amans cloîtrez, ou l'heureuse inconstance *Bruxel.* 1706.
Les Disgraces des Amans. 1708. *in* 12.

2245 Critique sur les Loteries, trad. de l'italien de Leti. *Amst.* 1697. 2. *tom. en* 1. *vol. in* 12.

2246 Recueil des pieces les plus agréables de ce temps. *Paris*, 1644. *in* 8.

2247 Nouvelles œuvres de M. de Saint-Evremond. *Paris*, 1700. *in* 12.

2248 Dissertation sur les œuvres du même, par du Mont. *Paris* 1698. *in* 12.

2249 Apologie des œuvres du même. *Paris*, 1698. *in* 12.

2250 Recueil des Epîtres, Lettres & Préfaces de M. de la Chambre. *Paris*, 1664. *in* 12.

HISTORIA.

2251 Introduction à la Geographie universelle, par Violier. *Geneve*, 1704. *in* 12.

2252 Salomone pacifico, da Morozzo. *Torino*, 1667. *in* 12.

2253 Vie de la Mere Marie de l'Incarnation Institutrice des Ursulines de Canada, par le P. de Charlevoix. *Paris*, 1724. *in* 8.

2254 Recueil de pieces de 1564. & 65. *in* 8.

2255 De justa Henrici III. abdicatione, (auctore . . . .) *Paris. Nivel.* 1589. *in* 8.

2256 Dialogue d'entre le Maheustre & le Manant. 1594. *in* 8.

2257 Le Soldat Navarrois. *in* 12.

2258 Recueil de pieces de 1603. *in* 8.

2259 Recueil de pieces de 1614. & 1615. 2. *vol. in* 8.

2260 Paquet de pieces hiftoriques de differentes années. *in* 8.

2261 Memoires d'un Favory de M. Gafton Duc d'Orleans. *Leyde*, 1668. *in* 12.

2262 Bouclier d'Etat contre les Droits de la Reine de France, (par le Baron de Lifola.) 1667. *in* 12.

2263 La Medufe contre le Livre précedent, par le Chevalier de Jant. *in* 12.

2264 Memoire pour la juftification du Sieur Procé du Pas Commandant de Naërden. *in* 12.

2265 La Bulle d'or & autres pieces concernant l'Empire d'Allemagne. *Paris*, 1711. *in* 12.

2266 Hiftoria de las Guerras civiles de Granada. *Paris*, 1660. *in* 8.

2267 Les Evenemens finguliers, par P. Camus Evêque de Belley. *Paris*, 1637. *in* 8.

2268 Le Verger Hiftorique, par le même. *Paris*, 1644. *in* 8.

2269 Diverfes Hiftoires morales & divertiffantes d'Emanuel d'Aranda. *Leyde*, 1671. *in* 12.

2270 Inventaire de l'Hiftoire des Larrons. 3. *vol. in* 8.

2271 Paquet de pieces hiftoriques. *in* 12.

CODICES MANUSCRIPTI.

2272 Les Conciles de Nicée, de Conftantinople, d'Ephefe, de Chalcedoine, de Bafle, de Conftance & de Trente; la Pragmatique Sanction, &c. *in* 4°.

2273 Réponfe au Plaidoyer de M. Talon dans l'affaire des Franchifes. *in* 8.

2274 Le Theatre François, par Chappuzeau. 1673. *in* 4°. *maroq.*

2275 Recueil de pieces curieuſes, latines & italiennes,
en proſe & en vers, avec la traduction françoiſe à
côté; enſemble quelques Poëſies. 1684. *in* 4°.

2276 Le conditioni dell'Hiſtoria, da Giov. de Silhon.
in 8.

2277 Negociation du Chevalier de Jant Envoyé du
Roi à Liſbonne en 1655. & 1659. *in* 4°.

2278 Memoires d'un Seigneur Allemand ſur les Grands
Capitaines qui ont avant la Paix de Munſter ſervi la
Maiſon d'Auſtriche contre la France, & ſur le Card.
Mazarin; preſenté à M. de Turenne en 1675. par
M. D. L. G.... *in* 4°.